¡HOLA, SUPERHÉROE EN ENTRENAMIENTO!

¿Este libro venía envuelto en plástico? ¿Sí? Eso te demuestra cuánto dependemos de él y cómo a veces no tenemos más opción que aceptarlo en nuestras vidas. El plástico protege los libros —y muchos otros tipos de productos— para que se mantengan como nuevos. Aun así, ¡es plástico! y eso no es bueno para el medioambiente. Pero tú puedes hacer algo al respecto; piensa que lo que hagas con esta envoltura puede ser tu primer paso para convertirte en un #2minutesuperhero. La primera misión —que puedes llevar a cabo junto con tus amigos de la escuela— es esta:

1. Reúne todas las envolturas de plástico en un solo sitio en lugar de desecharlas.
2. Encuentra dónde puedes reciclarlas. Se trata de un plástico de "grado 4", así que deberías poder reciclarlas junto con las bolsas de este mismo material.
3. Conversa con tu profesor y tus compañeros de clase acerca de por qué es importante reciclar. Piensa en el océano, el calentamiento global y los empaques en general. ¿Tienen que ser de plástico?
4. Recíclalas. Y luego siéntete orgulloso de ser un superhéroe que recicla.
5. ¡Pon manos a la obra con el resto de las misiones de este libro!

Este libro es para ti: superhéroe en 2 minutos.

El propósito de estas actividades es informar y/o entretener. En caso de duda, se debe contar con la supervisión de un adulto. La editorial no se hace responsable por daños o lesiones causadas durante el desarrollo de estas actividades.

© 2021, Vista Higher Learning, Inc.
500 Boylston Street, Suite 620
Boston, MA 02116-3736
www.vistahigherlearning.com
www.loqueleo.com/us

© Del texto: 2019, Martin Dorey
© De las ilustraciones: 2019, Tim Wesson. Reproducidas con el permiso de Walker Books Limited, London SE11 5HJ.

Publicado originalmente en Estados Unidos bajo el título *Kids Fight Plastic: How to Be a #2minutesuperhero* por Candlewick Press. Esta traducción ha sido publicada bajo acuerdo con Walker Books Limited, London SE11 5HJ.

Dirección Creativa: José A. Blanco
Desarrollo Editorial: Lisset López, Isabel C. Mendoza
Diseño: Paula Díaz, Daniela Hoyos, Radoslav Mateev, Gabriel Noreña, Andrés Vanegas, Manuela Zapata
Coordinación del proyecto: Brady Chin, Tiffany Kayes
Derechos: Jorgensen Fernandez, Annie Pickert Fuller
Producción: Oscar Díez, Sebastián Díez, Andrés Escobar, Adriana Jaramillo, Daniel Lopera, Daniela Peláez
Traducción: Roxanna Erdman

Los niños contra el plástico: cómo ser un superhéroe en 2 minutos (#2minutesuperhero)
ISBN: 978-1-54335-654-0

Todos los derechos reservados. Esta publicación no puede ser reproducida, ni en todo ni en parte, ni registrada en o transmitida por un sistema de recuperación de información, en ninguna forma ni por ningún medio, sea mecánico, fotoquímico, electrónico, magnético, electroóptico, por fotocopia o cualquier otro, sin el permiso previo, por escrito, de la editorial.

Published in the United States of America

2 3 4 5 6 7 8 9 GP 27 26 25 24 23

LOS NIÑOS CONTRA EL PLÁSTICO

Cómo ser un superhéroe en 2 minutos
(#2minuteSuperhero)

MARTIN DOREY
Ilustrado por TIM WESSON

CONTENIDO

INTRODUCCIÓN: CÓMO SER UN #2MINUTESUPERHERO 8

MISIÓN 1: APRENDE A RECONOCER EL PLÁSTICO MALO 22

MISIÓN 2: COMBATE EL PLÁSTICO EN TU CUBO DE BASURA 28

MISIÓN 3: COMBATE EL PLÁSTICO EN EL PARQUE 34

MISIÓN 4: COMBATE EL PLÁSTICO EN TU MOCHILA 38

MISIÓN 5: COMBATE EL PLÁSTICO A LA HORA DE ALMUERZO 44

MISIÓN 6: COMBATE EL PLÁSTICO EN EL SUPERMERCADO 50

MISIÓN 7: COMBATE EL PLÁSTICO EN TU COCINA 54

MISIÓN 8: COMBATE EL PLÁSTICO EN TU JARDÍN 60

MISIÓN 9: COMBATE EL PLÁSTICO EN TU BAÑO 64

MISIÓN 10: COMBATE EL PLÁSTICO EN EL INODORO 68

MISIÓN 11: COMBATE EL PLÁSTICO EN TU CLÓSET 74

MISIÓN 12: COMBATE EL PLÁSTICO EN LA CANCHA, LA PISTA Y EL CAMPO DEPORTIVO..................80

MISIÓN 13: COMBATE EL PLÁSTICO EL FIN DE SEMANA..................84

MISIÓN 14: COMBATE EL PLÁSTICO CON TU MESADA..................88

MISIÓN 15: COMBATE EL PLÁSTICO EN TUS CELEBRACIONES..................94

MISIÓN 16: ¡LA FIESTA CONTRA EL PLÁSTICO!..................100

MISIÓN EXTRA: COMBATE EL PLÁSTICO CON TU VOZ..................106

MISIÓN CUMPLIDA..................108

PUNTAJE PARA SUPERHÉROES..................112

¿QUÉ TIPO DE SUPERHÉROE ERES?..................122

DESCUBRE MÁS SOBRE LA LUCHA CONTRA EL PLÁSTICO..................124

MÁS ACERCA DEL AUTOR..................126

MÁS ACERCA DE #2MINUTEBEACHCLEAN..................127

¿ESTÁS LISTO PARA SER UN SUPERHÉROE?

CÓMO SER UN SUPERHÉROE EN 2 MINUTOS
(#2MINUTESUPERHERO)

¿Tienes 2 minutos?
2 minutos es el tiempo que toma convertirse en un superhéroe.
No todos los superhéroes vuelan o salvan al mundo de invasores alienígenas. Algunos hacen tareas simples y cotidianas que solo toman un par de minutos y se suman para crear una enorme diferencia. Esos superhéroes son gente como tú y como yo. Viven entre nosotros, en secreto, haciendo cosas increíbles.
Tú también puedes ser uno de ellos.

NECESITAMOS SUPERHÉROES QUE SALVEN EL OCÉANO

Probablemente te estás preguntando por qué necesitamos superhéroes. Es simple. Necesitamos superhéroes para **COMBATIR EL PLÁSTICO** y **SALVAR EL OCÉANO**.

Nuestros océanos están muriendo porque los estamos usando como basureros, permitiendo que se llenen de plástico. Nuestra basura está dañando a las criaturas que viven dentro o cerca del océano. Si no tenemos cuidado, los desechos de plástico también nos harán daño a nosotros.

NECESITAMOS SUPERHÉROES COMO TÚ

Todo lo que haces, bueno o malo, tiene un efecto en el mundo que te rodea. **COMBATIR EL PLÁSTICO** es una magnífica manera de lograr que el mundo sea mejor.

Hacer algo sencillo durante solo 2 minutos todos los días, como recoger basura de plástico, te convierte en un superhéroe. Cualquier acción que lleves a cabo para luchar contra el plástico ayuda a salvar el océano. También hace que la gente que te rodea preste atención.

Los políticos y las grandes empresas podrán decir que se preocupan por combatirlo, pero, en mi experiencia, tardan siglos en comenzar a actuar, si es que hacen algo.

Así que, ¿para qué esperar?

TÚ PUEDES COMBATIR EL PLÁSTICO AHORA MISMO SI TE CONVIERTES EN UN #2MINUTESUPERHERO.

POR QUÉ DEBEMOS COMBATIR EL PLÁSTICO EN EL OCÉANO

- Más de 9 millones de toneladas de plástico (8 millones de toneladas métricas) llegan al océano cada año.

- Cada milla cuadrada de océano contiene unos 46 000 objetos de plástico.

- El plástico ya se encuentra esparcido por todo el océano, incluso en el hielo del Ártico y en el fondo de la fosa de las Marianas, el área más profunda de los océanos del mundo.

- Se estima que en el año 2050 habrá más plástico en el océano (en volumen) que peces.

- El plástico no se biodegrada (no se descompone en materia natural). Lo único que hace es romperse en fragmentos cada vez más pequeños, conocidos como microplásticos.

- A medida que el plástico se fragmenta, libera químicos nocivos que, según se cree, contribuyen al cambio climático: el calentamiento gradual del planeta debido a la actividad humana.

Los océanos son vitales para todos nosotros sin importar dónde vivamos.

Los océanos regulan el clima y purifican el aire. También nos proporcionan la mitad del oxígeno que necesitamos respirar para seguir vivos y absorben dióxido de carbono, un gas que contribuye al cambio climático y el calentamiento global.

Los océanos nos brindan alimento. Cada año se capturan alrededor de 120 millones de toneladas (109 millones de toneladas métricas) de pescado. Sin esta fuente de alimento, mucha gente padecería hambre.

Los océanos son el hogar de ballenas, delfines, tortugas, nutrias, focas, peces, tiburones, mantarrayas, plancton, manatíes, langostas, cangrejos y medusas, así como de algas y pastos.

¡Los océanos son fantásticos, vastos y maravillosos sitios de recreación para nadar, hacer esnórquel, chapotear y surfear!

Tenemos que cuidarlos.

En 2018 se encontró una ballena muerta en Indonesia. Tenía más de mil objetos de plástico en el estómago, entre ellos:

115 vasos de plástico
4 botellas de plástico
25 bolsas de plástico
2 chanclas
1 saco de nailon

POR QUÉ HAY QUE ELIMINAR EL PLÁSTICO DE LA VIDA SILVESTRE

- Las criaturas marinas se enredan en el plástico. Algunos cálculos indican que, cada año, unos 100 000 animales marinos (como ballenas, delfines y tortugas) y 1 millón de aves marinas mueren enredados en el plástico o como resultado de su ingestión.

- Los equipos de pesca de plástico que se extravían enredan y matan miles de peces y animales cada año.

- Pequeños organismos, llamados algas, crecen en el plástico en el agua salada. Las algas liberan sustancias químicas, lo que ocasiona que las aves marinas confundan el plástico con alimento. Las aves marinas que comen plástico mueren de hambre porque son incapaces de digerirlo. Los polluelos que tienen el estómago lleno de plástico no empluman (y no aprenden a volar), así que se quedan atrapados en el agua.

- Los peces confunden pequeños trozos de plástico con alimento, se los comen y mueren de hambre. Si consumimos pescado, es posible que terminemos comiéndonos el plástico que los peces ingirieron.

- El plástico atrae los contaminantes orgánicos persistentes (COP) que hay en el agua de mar. Estos químicos se acumulan en el plástico y se vuelven más y más tóxicos. Los COP pueden luego bioacumularse en la cadena alimentaria. Esto significa que, si un pez grande se come a uno pequeño, absorbe las toxinas. Luego, cuando a ese pez se lo come uno más grande, ¡las toxinas pasan a este! En teoría, esos químicos nocivos podrían entrar en la cadena alimentaria humana.

BOCADO AMARGO: Estudios muestran que más del 90 % de las aves marinas tienen plástico en el estómago.

SUPERHÉROE COTIDIANO

Nombre: Capitán Aletas

Empleo: foca

Superpoder: permanecer bajo el agua hasta por 30 minutos.

Cómo combate el plástico: sobrevivió a quedar enredado en 9 metros de red.

Su consejo: cada trozo de plástico que recoges puede ayudar a un animal.

Odia: el plástico en el mar.

Ama: que lo haya rescatado el Santuario de focas de Cornualles.

CAPITÁN ALETAS

CONOCE A LOS SUPERHÉROES COTIDIANOS

¡Pero no te desanimes! Los superhéroes viven entre nosotros. No tienen trajes llamativos ni sus propios programas de televisión. Muchos de ellos combaten el plástico porque creen que es lo correcto. Algunos, como el Capitán Aletas, son superhéroes porque combaten el plástico para sobrevivir. En este libro, vas a conocer a algunos superhéroes cotidianos más. Ojalá que te inspiren para convertirte tú también en un superhéroe.

MARTIN Y SU MISIÓN DE 2 MINUTOS (#2MINUTEMISSION)

Déjame contarte un poquito de mí. Me llamo Martin y te voy a entrenar para que te conviertas en un **#2minutesuperhero**. Odio los desperdicios, particularmente los de plástico, y creo que podemos combatirlos de muchas maneras en nuestra vida.

Vivo en un pueblo costero. Es como cualquier otro pueblo, excepto que tiene playa. Cada vez que sube la marea, la basura se acumula en la orilla. Y después de una tormenta se te parte el corazón. Yo voy y la recojo, pero sé que siempre habrá más, así que necesito ayuda.

Mientras más combates el plástico, más ayudas al océano, a mi playa y a todas las playas del mundo. Dondequiera que vivas, estás conectado con el océano a través de los ríos, los arroyos, el drenaje y los desagües. Si evitamos que el plástico llegue al agua, evitaremos que se acumule en la playa.

LIMPIEZA DE PLAYA EN 2 MINUTOS (#2MINUTEBEACHCLEAN)

En 2013 decidí hacer algo con respecto a la basura de mi playa. Rápidamente, recogí algo de basura y le tomé una foto. La publiqué en línea utilizando un *hashtag* nuevo, **#2minutebeachclean**, con la esperanza de que alguien lo viera y se tomara 2 minutos para hacer lo mismo.

Asombrosamente, así pasó. Cuando llegó la primavera de 2019, ya había más de 120 000 fotos publicadas en Instagram de personas de todo el mundo recogiendo basura.

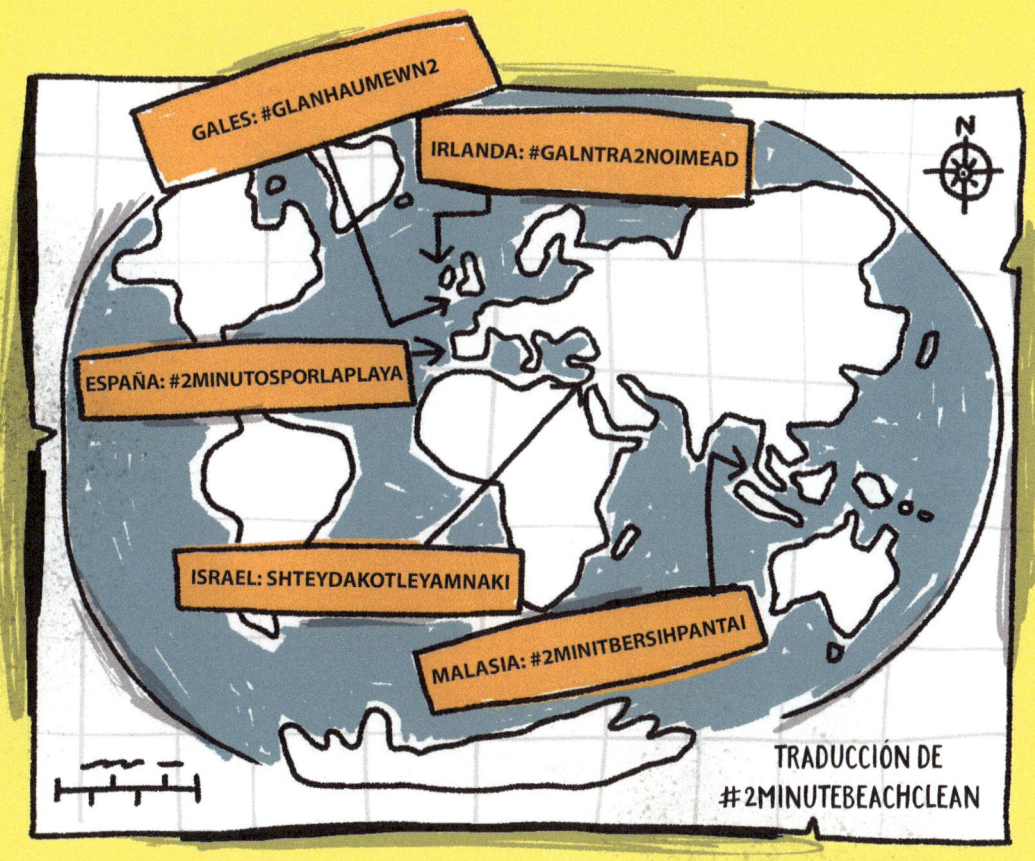

PLÁSTICO ANALÍTICO: se calcula que en cada **#2minutebeachclean** se recogen aproximadamente 4 libras (2 kilogramos) de desechos, lo que significa que, desde 2013, se han recogido al menos ¡240 toneladas (218 toneladas métricas) de basura!

CÓMO USAR ESTE LIBRO

- Este libro está organizado en **MISIONES**, las cuales abordan todas las áreas de tu vida en las que puedes combatir el plástico, algunas maneras de hacerlo y por qué es importante.

- En cada misión, también encontrarás una serie de **MISIONES DE 2 MINUTOS**. Estas son las tareas que quiero que realices. Con cada una de ellas, acumulas **SUPERPUNTOS**.

- Algunas misiones serán fáciles de realizar. Otras te resultarán difíciles (y, honestamente, puede que te tomen más de 2 minutos), pero te harán ganar más puntos. Quizás necesites ayuda de un adulto.

- Según vayas cumpliendo con cada misión, anota cuántos puntos acumulaste.

- Una vez que hayas llegado al final de este libro —y al final de tu entrenamiento como superhéroe— podrás calcular tu puntuación final. Esto te ubicará en una determinada **CATEGORÍA DE SUPERHÉROE**.

¿Qué tipo de **#2minutesuperhero** serás?

SUPERESTADÍSTICA: 9 de cada 10 superhéroes todavía no saben que son superhéroes.

¿LISTO PARA ENTRAR EN ACCIÓN?

Antes de emprender tu primera misión, necesito que hagas esta promesa:

Prometo solemnemente volverme un aliado del océano.

Cuidaré de los océanos por medio de mis acciones cotidianas y dedicaré 2 minutos cada día a combatir el plástico.

Entrenamiento aprobado por:

Martin

Fundador de #2minutebeachclean

REGLAMENTO DEL #2MINUTESUPERHERO

Combatir el plástico no es imposible. Tú puedes hacerlo. Pero algunas veces vas a tener que recoger la basura que otros tiran. Es horrible, ¡pero hay que hacerlo! Para que no corras riesgos, aquí hay algunas reglas que debes seguir.

TUS MISIONES COMIENZAN AHORA...

MISIÓN 1

APRENDE A RECONOCER EL PLÁSTICO MALO

Comienza tu entrenamiento aprendiendo acerca de los materiales malos. Tu primera misión es familiarizarte con el tema del plástico y, en particular, el de un solo uso. Este es el plástico que se emplea solo una vez y se desecha; es el elemento nocivo que queremos combatir. El plástico bueno, por otro lado, es el que sirve para hacer juguetes y aparatos y equipos médicos que salvan las vidas de las personas, y que se utiliza por largos períodos de tiempo.

LA HISTORIA DEL PLÁSTICO

De una forma u otra, el plástico ha estado presente desde hace mucho tiempo. Se puede moldear o darle forma, lo cual lo convierte en un material increíblemente útil para fabricar todo tipo de objetos, desde computadoras y cables hasta juguetes y equipos médicos.

El primer plástico que se hizo con petróleo se inventó hace unos 100 años. Se llamaba baquelita y todavía puedes encontrarlo en algunas casas antiguas (busca interruptores de color café). Desde entonces, nuestro mundo se ha vuelto cada vez más dependiente del plástico proveniente del petróleo.

A lo largo de los últimos 100 años, se han inventado diferentes clases de plástico para todo tipo de uso: el plexiglás es transparente y se usa para sustituir al vidrio en las ventanas; con polipropileno se hacen las jeringuillas para las inyecciones; con polipropileno de alta densidad se fabrican bolsas de plástico y botellas para leche; con nailon se hacen prendas de vestir, alfombras y redes.

CÓMO IDENTIFICAR LOS PLÁSTICOS

La mayoría de los artículos que compras nuevos tienen un símbolo que indica de qué tipo de plástico están hechos. Cada uno de ellos tiene propiedades diferentes. Algunos flotan en el agua y otros no. Unos pueden reciclarse y otros no. Y algunos son más tóxicos que otros.

CÓDIGO Y SÍMBOLO	TIPO DE PLÁSTICO	USO GENERAL	PROPIEDADES
01 PET	Tereftalato de polietileno	Botellas de refresco, bandejas para alimentos	RECICLABLE Transparente, duro, se hunde.
02 PE-HD	Polietileno de alta densidad	Envases de yogur, bolsas de supermercado, botellas para leche, champú y detergente	RECICLABLE Flota en el agua.
03 PVC	Cloruro de polivinilo	Blísteres, tuberías y mangueras, envolturas transparentes para alimentos	RECICLABLE Considerado el más tóxico de todos los plásticos.
04 PE-LD	Polietileno de baja densidad	Bolsas para basura, botellas exprimibles, película plástica adherible	RECICLABLE Flota en el agua.
05 PP	Polipropileno	Tapas de botellas, popotes, tubos para alimentos	RECICLABLE Flota en el agua.
06 PS / 06 PS-E	Poliestireno, poliestireno expandido	Cubiertos de plástico, cajas de CD, vasos, platos	NO SE RECICLA FÁCILMENTE Libera químicos que, según se cree, pueden causar cáncer.
07 OTROS	Resinas de policarbonato y materiales compuestos	Piezas de automóviles, computadoras, aparatos electrónicos, nailon, Perspex	NO SE RECICLA FÁCILMENTE Cualquier plástico que no entre en la clasificación de los otros seis. Tóxico.

CIFRAS:
Lego elabora alrededor de 19 mil millones de piezas al año.

CUANDO EL PLÁSTICO ES BUENO

El plástico es fantástico. Es ligero, fuerte y económico. Por eso se usa para elaborar muchas cosas. Juguetes como las piezas de Lego, las figuras de acción de Star Wars, las muñecas y los Xbox: todos están hechos de plástico.

También es duradero, así que no se oxida o desgasta como el metal o la madera. En algunas de sus formas, puede durar cientos de años, así que es un material práctico y popular. Además, el plástico se puede reutilizar muchas veces. Algunos tipos son reciclables.

Con frecuencia, los equipos médicos están hechos de plástico. De hecho, algunos avances en medicina no habrían ocurrido sin el plástico. Mucha gente que necesita aditamentos auxiliares para una discapacidad, medicinas o equipo médico, depende del plástico para tener una mejor calidad de vida.

PLÁSTICOS DONDE NO TE LO ESPERAS

A menudo, las bolsitas de té contienen plástico.

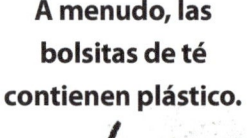

Las envolturas de papitas están hechas de plástico.

La mayoría de los pañales contienen plástico.

TU MISIÓN DE 2 MINUTOS: encuentra 5 cosas de plástico bueno que usas todos los días.
10 PUNTOS

CUANDO EL PLÁSTICO ES MALO

Uno de los problemas del plástico es que se hace con petróleo, que tarda millones de años en formarse. El petróleo es un recurso no renovable, así que, una vez que lo hayamos usado todo, se acabará y no podremos hacer más. El otro problema es que el plástico es duradero. No es biodegradable como la madera ni se descompone en materiales no tóxicos. Es PERSISTENTE y, a menos que hagamos algo con él, jamás desaparece. Si se descompone (está en el mar o en la tierra), solo se va rompiendo en pedazos cada vez más pequeños. En ese proceso, se liberan químicos que son malos para el planeta.

El plástico se ha convertido en uno de los materiales más utilizados en el mundo, ¡pero todavía no hemos descubierto qué hacer con él cuando terminamos de usarlo! ¡Uf!

Permitimos que persista en el medioambiente al dejar que llegue al mar o enterrándolo en basureros. Así que quizás lo malo no sea el plástico; tal vez el problema esté en la forma en que lo usamos en nuestra vida cotidiana, sin pensar en lo que hacemos.

TU MISIÓN DE 2 MINUTOS: encuentra 5 cosas de plástico malo que se usarán solo una vez antes de desecharlas.
20 PUNTOS

LA HISTORIA DEL PLÁSTICO

1907
Se crea el primer plástico sintético a base de petróleo: la baquelita.

1930
Se inventa la cinta adhesiva.

2004
Se usa por primera vez el término *microplásticos* para describir las diminutas partículas de plástico que contaminan el medioambiente.

1976
El plástico se convierte en el material más utilizado en el mundo.

2009
El 50 % del avión Boeing 787 se hace de plástico.

2015
Unos oceanógrafos filman una tortuga con un popote incrustado en la nariz.

2017
Con *Planeta azul II*, el mundo abre los ojos ante el problema del plástico.

1941
El terileno, la primera fibra de poliéster, se mantiene en secreto a causa de la Segunda Guerra Mundial.

1958
Se inventan los bloques de Lego.

1969
Neil Armstrong planta una bandera de nailon en la Luna.

SUPERHÉROE COTIDIANO

Nombre: Rob

Empleo: recolector submarino de basura

Superpoder: transforma redes de pesca de plástico en kayaks.

Cómo combate el plástico: dirige un grupo de buzos que recolecta plástico del lecho marino.

Su consejo: alertar acerca de la contaminación por plástico.

Odia: a la gente que cree que está bien emplear plásticos de un solo uso.

Ama: transformar el plástico viejo en algo útil.

ROB

MISIÓN 2

COMBATE EL PLÁSTICO EN TU CUBO DE BASURA

Me encanta hablar de la basura. No porque me agrade verla, sino porque me gusta analizar qué debo hacer con ella. Si vas a combatir el plástico y convertirte en un #2minutesuperhero, ¡vas a tener que familiarizarte con tu cubo de basura!

¿QUÉ HAY EN NUESTRA BASURA?

- Estados Unidos produce alrededor de 262 millones de toneladas (238 millones de toneladas métricas) de basura al año, proveniente de los hogares.

- En Estados Unidos, una persona genera, en promedio, unas 1600 libras (726 kilogramos) de basura al año.

- En promedio, aproximadamente un 35 % de esa basura se recicla o se usa para compost.

- Solo el 9 % del plástico llega a ser reciclado.

- Se estima que la cantidad de residuos plásticos generados anualmente en los Estados Unidos es de aproximadamente 35 millones de toneladas (32 millones de toneladas métricas).

¿QUÉ LE PASA A TU BASURA?

Echas los desperdicios en el cubo de basura y te olvidas de ellos. Se van y punto, ¿no? Tristemente, no ocurre así. Todo tiene que ir a alguna parte, pero ¿adónde? No hay manera de que las cosas simplemente "desaparezcan", así que necesitamos pensar con cuidado qué le ocurre a la basura de nuestra casa.

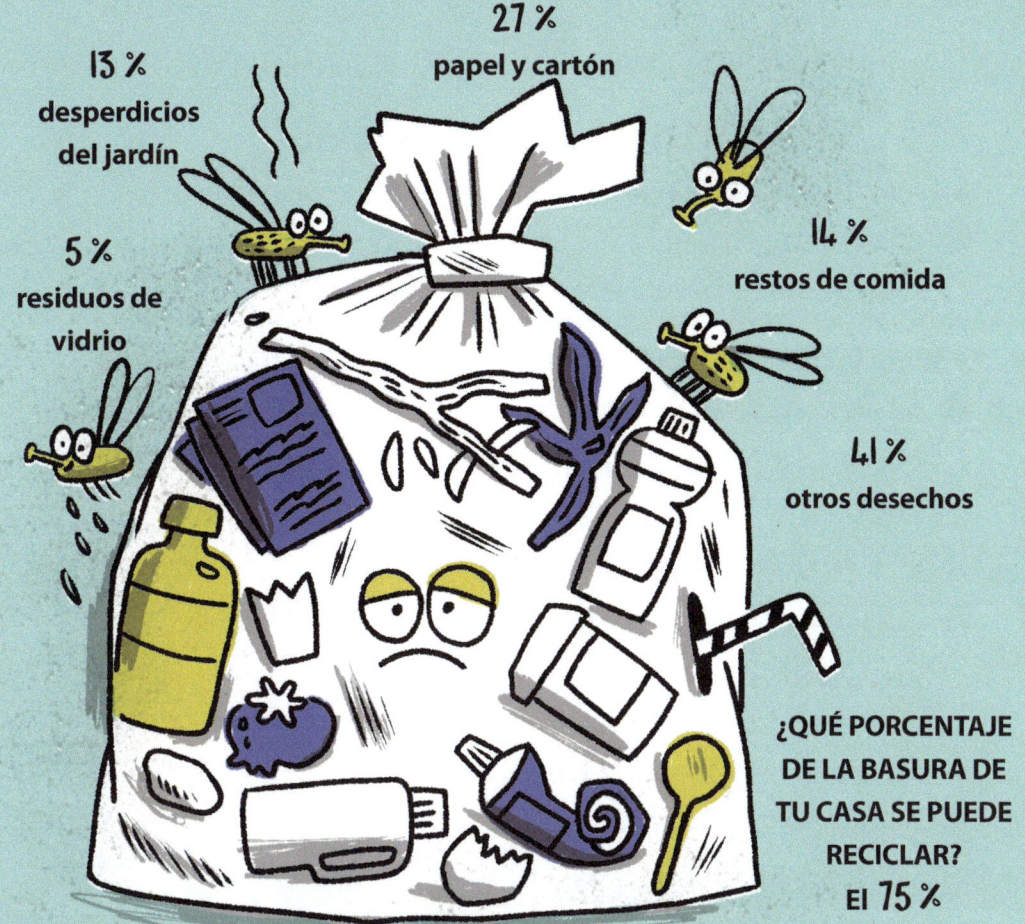

13 % desperdicios del jardín
27 % papel y cartón
5 % residuos de vidrio
14 % restos de comida
41 % otros desechos

¿QUÉ PORCENTAJE DE LA BASURA DE TU CASA SE PUEDE RECICLAR?
El 75 %

¿QUÉ PASA CON LA BASURA DEL JARDÍN Y LA COMIDA?

Los residuos de comida y del jardín son materia orgánica, y se pueden poner en el contenedor de abono casero. Ahí se descompondrán en una mezcla de compuestos naturales conocida como compost, que beneficiará al planeta y ayudará a que se desarrolle vida nueva. ¡Fabuloso!

Algunos ayuntamientos recolectan los desechos de comida y de los jardines para hacer compost.

TU MISIÓN DE 2 MINUTOS: consigue un cubo para desperdicios de comida ¡y comienza a reunir materia para tu compost! Averigua cómo hacerlo en la misión 8.
30 PUNTOS

¿QUÉ LE OCURRE A LA BASURA DE TU HOGAR?

Si pones la basura en el contenedor del reciclaje, irá a parar a:

- 🖤 una instalación dedicada a la recuperación de materiales, donde se clasifican en basura reciclable y no reciclable.

Si pones la basura en el bote de tu casa, puede ir a parar a:

- 🖤 un vertedero o relleno sanitario, que es un hoyo en la tierra donde pueden generar químicos y gases de efecto invernadero (los gases que contribuyen al calentamiento global y el cambio climático). ¡Muy malo!

- 🖤 recuperación de la energía, que es cuando los desperdicios se incineran para producir electricidad. Es bueno que la basura se transforme en energía útil, pero es malo porque podría reciclarse.

TU MISIÓN DE 2 MINUTOS: elabora una bitácora del cubo de basura y anota cada vez que alguien saque una bolsa de desechos. Monitorea cuántas bolsas genera tu familia a la semana y trata de reducir esa cantidad a la mitad.

50 PUNTOS

¿QUÉ LE OCURRE A TU BASURA RECICLABLE?

La basura reciclable —aquella que depositas en el contenedor del reciclado— se recolecta y se transforma en algo más. ¡O eso es lo que tú crees!

Es extraño, pero el reciclado no siempre se recicla. Todo depende de su calidad (y de cuán limpio esté), del tipo de materiales (algunos plásticos valen más que otros) y del valor de cada material en el mercado.

En suma, algunos materiales reciclables se reciclan y otros no.

¿Te parece esto confuso? Sí. A pesar de que reciclar es VITAL, no siempre resulta la mejor forma de combatir el plástico.

¿La mejor manera? Decir NO al uso de objetos de plástico de un solo uso. Reutilizar las cosas. Reducir la cantidad de artículos que posees. ¡Reparar lo que se rompa!

RECICLAR LOS HECHOS: hasta 2017, Estados Unidos enviaba a China un montón de basura para reciclar. Ahora China ya no la está aceptando, lo que significa que esa basura tiene que ir a alguna otra parte. Podría terminar en un vertedero o en el océano.

TU MISIÓN DE 2 MINUTOS: visita las instalaciones de un centro de recuperación de materiales [MRF por sus siglas en inglés] que te quede cerca.

50 PUNTOS

¿Y QUÉ PASA CON LOS PLÁSTICOS BIODEGRADABLES Y COMPOSTABLES?

Algunas empresas han desarrollado alternativas al plástico que supuestamente sirven para compost o son biodegradables.

Si algo está etiquetado como compostable, se degradará, igual que los desperdicios de comida. Pero, con frecuencia, los empaques compostables únicamente se degradarán bajo ciertas condiciones en compost industriales, a la temperatura correcta, en las instalaciones adecuadas. Otro problema es que los desperdicios compostables pueden echar a perder los del reciclaje, así que es difícil saber qué hacer con ellos.

Los artículos biodegradables, como algunos popotes y cubiertos, tarde o temprano se descompondrán en materia orgánica, pero a menudo esto debe llevarse a cabo en condiciones controladas e instalaciones especiales.

Los nuevos plásticos, o bioplásticos, se están desarrollando a partir de numerosos recursos, desde caña de azúcar hasta soya. Lo maravilloso que tienen es que no están hechos de petróleo y no generan químicos dañinos cuando se degradan. Lo malo es que, a menos que se desechen adecuadamente, pueden ser tan persistentes como el plástico normal.

¡Sí, ya sé! Mi cabeza también está a punto de estallar.

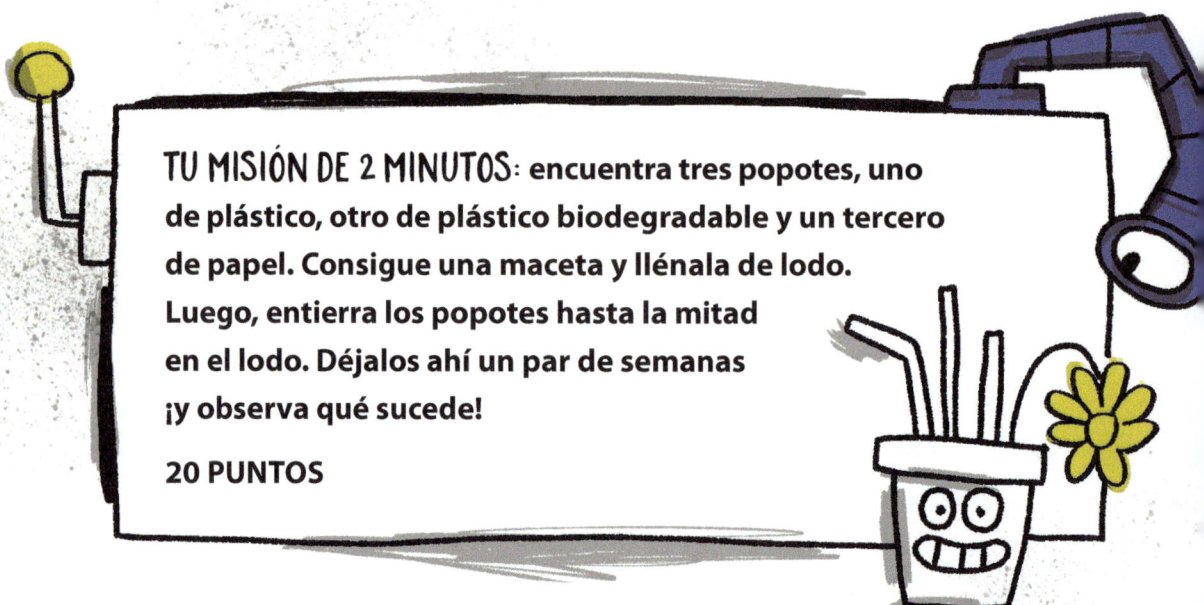

TU MISIÓN DE 2 MINUTOS: encuentra tres popotes, uno de plástico, otro de plástico biodegradable y un tercero de papel. Consigue una maceta y llénala de lodo. Luego, entierra los popotes hasta la mitad en el lodo. Déjalos ahí un par de semanas ¡y observa qué sucede!

20 PUNTOS

¿QUÉ LES OCURRE A LOS DESPERDICIOS EN OTROS PAÍSES?

En algunos países donde no hay plantas de reciclaje o la basura no se recolecta, los desechos se depositan en vertederos y se queman, se arrojan a los ríos —razón por la cual terminan en el mar— o simplemente se apilan para que se pudran (o no, si se trata de plásticos). La basura es un problema en todo el mundo. Muchos países y ciudades están tratando de detener la acumulación de desperdicios en las calles y los campos tomando medidas para prohibir los plásticos de un solo uso. ¡Hurra!

KENIA

Prohibió las bolsas de plástico en 2017 y dispuso la imposición de multas severas a cualquiera que fabrique, venda o use una bolsa de plástico.

MARRUECOS

Prohibió las bolsas de plástico en 2016.

VANUATU

Prohibió las bolsas de plástico, los contenedores de alimentos hechos de poliestireno y los popotes de plástico en 2018.

FRANCIA

Prohibió las bolsas de plástico en 2016 y los cubiertos, platos y vasos de plástico en 2020.

ZIMBABUE

Prohibió todos los contenedores de alimentos hechos de poliestireno en 2017.

RUANDA

Prohibió las bolsas de plástico en 2008.

NUEVA DELHI (INDIA)

Prohibió las bolsas desechables en 2017.

VANCOUVER (CANADÁ)

Prohibió los popotes de plástico y los contenedores de alimentos hechos de poliestireno en 2019.

MISIÓN 3
COMBATE EL PLÁSTICO EN EL PARQUE

¿Cuán seguido vas al parque? ¿Alguna vez encuentras basura? ¿Qué me dices de esa botella de plástico que ves con el rabillo del ojo cuando te deslizas por la resbaladera? Ya sabes cuál. ¿Alguna vez has pensado que esa basura tirada en el parque o en la calle puede encontrar el camino hasta el mar? ¡Sí puede! Todo el plástico que está en el océano proviene de alguna parte y tú no quieres que venga de tu parque, ¿verdad? Por eso, tu GRAN lucha contra el plástico comienza justo aquí, justo ahora, en tu calle, tu parque o el patio de tu escuela.

TU MISIÓN DE 2 MINUTOS: haz un #2minutelitterpick. Cuando camines de la escuela a tu casa, o por el parque, dedica 2 minutos a llenar una mochila vieja con basura. Separa lo que puedas reciclar y deposita el resto en el cubo de basura. ¿Cuánta recogiste en 2 minutos?
20 PUNTOS

CÓMO ES QUE EL PLÁSTICO DE TU PARQUE LLEGA AL OCÉANO

Lo creas o no, tu parque, calle y patio de juegos están conectados con el océano. Todos los desagües conducen a sistemas de drenaje, vías fluviales o ríos que, a su vez, se dirigen hacia el mar.

Los desechos que tu familia y todas las demás casas de tu calle generan cada semana también tienen una ruta hacia el océano. Si tus bolsas llenas de desperdicios se revientan o el cubo de basura se vuelca y se dispersan plásticos en tu calle, estos pueden ser arrastrados por el viento hacia la alcantarilla o un río y trasladarse hasta el mar. Lo mismo ocurre cuando se tira basura.

Si mantienes tu calle, patio de juegos y parque libres de plástico, estarás ayudando a cuidar el océano.

Por eso, TÚ eres muy importante en la lucha contra el plástico.

SUPERHÉROE COTIDIANO

Nombre: Neil

Empleo: recogedor de basura

Superpoder: mantiene limpio el país.

Cómo combate el plástico: recoge basura dondequiera que esté.

Su consejo: ser positivo. ¡Podemos lograrlo!

Odia: a la gente que te ve recoger la basura, pero no se suma.

Ama: la cálida y agradable sensación que se siente al contemplar una playa limpia.

NEIL

CÓMO LLEGA EL PLÁSTICO AL OCÉANO

1. Cubos de basura desbordados.
2. Desperdicios tirados en los pueblos y ciudades.
3. Basura abandonada en la playa.
4. Arrojado accidentalmente por fábricas.
5. Liberado como microfibras cuando se lava la ropa.
6. Cuando se desechan productos por el inodoro y van a dar al drenaje.
7. Equipo de pesca que se pierde.
8. Arrojado al mar en los desechos de navíos o barcos pesqueros.
9. Contenedores de carga que se pierden.
10. Mal manejo en la recolección de basura.

MISIÓN 4
COMBATE EL PLÁSTICO EN TU MOCHILA

¿Qué tienen los superhéroes en sus mochilas de la escuela? ¿Puedo adivinar? Apuesto a que tienes un par de lápices, pero ¿qué hay de los plumones con punta de fieltro o los bolígrafos? ¿Y qué me dices de esas viejas bolsitas de frituras o galletas? ¿Cuadernos escolares? ¿Libros de texto? ¿Una regla? ¿Envolturas de golosinas? Quizás un guante viejo. Y, definitivamente, una botella reutilizable para agua. ¿Acerté? Esta misión te ayudará a eliminar el plástico innecesario de tu mochila.

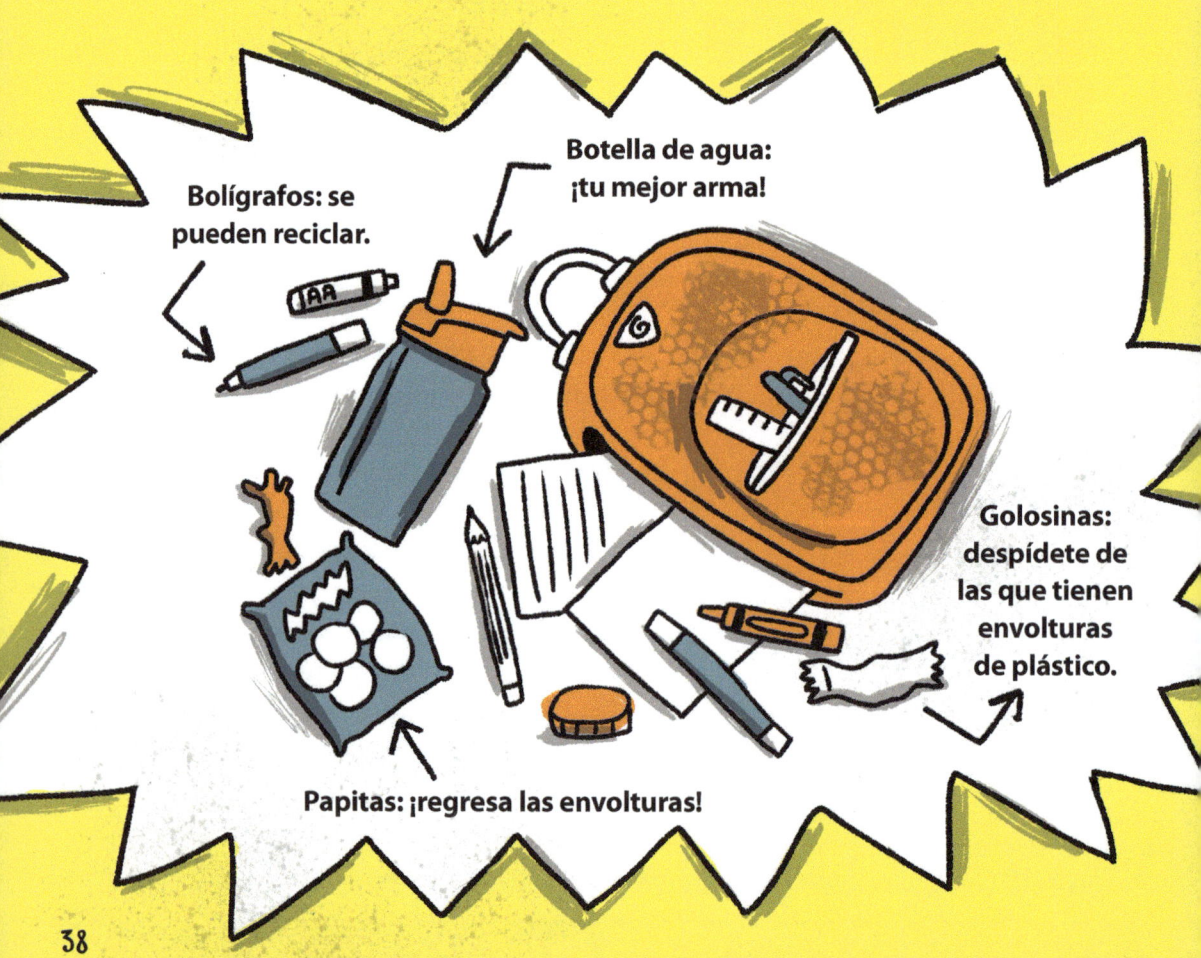

Bolígrafos: se pueden reciclar.

Botella de agua: ¡tu mejor arma!

Golosinas: despídete de las que tienen envolturas de plástico.

Papitas: ¡regresa las envolturas!

ACABA CON LOS BOLÍGRAFOS

¿Sabías que cada día se venden cerca de 15 millones de bolígrafos en el mundo? Los bolígrafos están hechos de plástico y metal, y es difícil reciclarlos. Muchos bolígrafos están diseñados para ser desechados: cuando se les acaba la tinta, los tiras a la basura. De ti depende asegurarte de que no lleguen a un vertedero.

UN CAMINO DE DESPERDICIO

Entre 1950 y 2005, Bic, uno de los grandes fabricantes del mundo, vendió más de 100 mil millones de bolígrafos de plástico, cantidad suficiente para trazar una línea hasta la Luna y de regreso ¡más de 320 000 veces!

¡Los bolígrafos al poder!

TU MISIÓN DE 2 MINUTOS:

¡declara una amnistía de bolígrafos! Pídeles a todos tus amigos que vacíen sus mochilas y recolecta los bolígrafos viejos. Luego, pídele a un maestro o a tus padres que te ayuden a recaudar dinero para una caja de cero residuos [Zero Waste Box™ en inglés] de www.terracycle.com y enviarles los bolígrafos para que los reciclen.

80 PUNTOS

POR QUÉ TU BOTELLA DE AGUA ES LO MEJOR DE TODO

Tu botella de agua reutilizable es la mejor arma que posees en el combate contra el plástico. Cada vez que la rellenas, estás haciendo algo genial. ¡Sigue así! Abre la llave, reduce tu desperdicio de plástico y ayuda al océano.

- En promedio, asistes a la escuela unos 180 días al año durante 13 años. Si cada uno de esos días usas una botella de agua reutilizable, estás dejando de usar 2340 botellas a lo largo de tu vida escolar.
- El agua de la llave es 600 veces más barata que el agua embotellada y, para ti, en la escuela, es GRATIS.

SUPERHÉROE COTIDIANO

Nombre: Deb

Empleo: maestra

Superpoder: transforma pequeñas ideas en cosas MUY grandes.

Cómo combate el plástico: inventó estaciones para rellenar botellas de agua.

Su consejo: lleva tu botella de agua contigo dondequiera que vayas.

Odia: las botellas de agua de un solo uso.

Ama: llenar su botella gratis en las estaciones de rellenado.

DEB

- El agua corriente es más saludable que las bebidas gaseosas.

- Puedes beber toda el agua corriente que quieras. ¡Continúa llenando esa botella!

- Las botellas de plástico y sus tapas constituyen el 15 % de la basura en las playas.

- La mayoría de las botellas no flotan (a menos que tengan tapa), así que se hunden hasta el fondo del océano, donde permanecen en el lecho marino.

- En el lecho marino, una botella de bebida puede romperse en miles de pedacitos de microplástico.

- Cada día, se usan 50 mil millones de botellas de plástico en EE. UU.

- Solo se recicla el 23 % de las botellas de plástico.

TU MISIÓN DE 2 MINUTOS: ¿tu escuela tiene un bebedero donde puedas llenar tu botella de agua? ¡Rellénala! Si no es así, ¿qué tal si gestionas la instalación de un dispensador de agua para la escuela? Puedes pedirles a tus padres y a los padres de tus amigos que firmen también.
30 PUNTOS

ESAS FASTIDIOSAS ENVOLTURAS DE GOLOSINAS

Y hablando de tu mochila, ¿cuántas envolturas viejas de golosinas encontraste en ella?

La mala noticia: ¿sabías que muchas envolturas de golosinas no se pueden reciclar a causa del material de que están hechas? No son buenas noticias, especialmente, porque los superhéroes necesitan un pequeño estímulo de azúcar de vez en cuando. (Por supuesto, solo con moderación y en condiciones estrictamente controladas).

La buena noticia: ¡no tienes que adquirir las golosinas que vienen en envolturas de plástico! Algunas todavía vienen en papel y papel de aluminio. Cuando compras caramelos a granel, algunas veces puedes ponerlos en bolsas de papel y algunos se venden en cajitas de metal. Las cajas metálicas evitan que los dulces se echen a perder, no contienen plástico y después puedes usarlas para guardar cosas pequeñas. Genial.

TU MISIÓN DE 2 MINUTOS: tristemente, si vienen envueltas en plástico, tal vez sea hora de renunciar a las golosinas de siempre. Pero también es el momento de ir a comprar dulces. ¡Cómprate algunos de los que vienen en cajitas de metal o de cartón!
10 PUNTOS

PAPITAS

¿Estoy en lo correcto si creo que recientemente te comiste una bolsa de papitas? ¿Y qué hiciste después con la bolsita? ¿La tiraste a la basura? Desafortunadamente, hasta ahora eso es lo único que podemos hacer con ellas.

La mala noticia: las bolsas de papitas son REALMENTE difíciles de reciclar porque están hechas de plástico y papel de aluminio. La mayoría van a parar a los vertederos. ¿Esto te sorprende? Espera a que veas las estadísticas.

Una noticia peor: Lays, uno de los fabricantes más grandes del mundo, vende más de 372 millones de bolsas de papitas al año. Eso son 1416 bolsas cada 2 minutos.

La buena noticia: TerraCycle creó un programa de cero residuos para reciclar y recuperar la mayor cantidad posible de envolturas, incluyendo las de papitas y barras de chocolate. Ahora tú puedes recolectarlas y enviárselas, sabiendo que las transformarán en algo diferente.

TU MISIÓN DE 2 MINUTOS: recolecta todas tus envolturas de papitas. Recolecta las de todos tus amigos. Con ayuda de un maestro o de tus padres, establece un punto de reciclaje de bolsas de papitas, recauda dinero para una caja de cero residuos [Zero Waste Box™ en inglés] y envía las envolturas para que las reciclen. Encuentra más información en www.terracycle.com.
80 PUNTOS

MISIÓN 5

COMBATE EL PLÁSTICO A LA HORA DEL ALMUERZO

Cuando el plástico nos afecta de manera personal, puede resultar difícil hacer cambios; especialmente, si eso significa renunciar a algo sabroso que te encanta. Si tu almuerzo está lleno de alimentos saludables, pero empaquetado en plástico, vas a tener que tomar algunas decisiones difíciles. ¿Estás listo para luchar por tu almuerzo? ¿De veras lo estás? ¡Te aguarda una vida de superhéroe!

SUPERHÉROE COTIDIANO

Nombre: Helford, el héroe

Empleo: delfín común

Superpoder: tiene una superinteligencia.

Cómo combate el plástico: luchó durante horas contra un hilo de pescar de plástico antes de ser rescatado.

Su consejo: consumir solo pescado que haya sido capturado utilizando redes que no afectan a los delfines.

Odia: que los humanos dejen sus redes de pesca en el mar.

Ama: jugar con los de su manada.

HELFORD, EL HÉROE

ÉCHALE UN VISTAZO A TU ALMUERZO

Los superhéroes almuerzan. Eso es un hecho. Pero ¿en qué está empacado tu almuerzo? ¿Viene con un tenedor de plástico? ¿En un plato de plástico? ¿Con papitas? ¿Tienes jugo en un envase de cartón con un popote? ¿Y qué hay de las meriendas saludables? ¿Tus zanahorias son de las que vienen ya cortadas y envasadas en una bolsa de plástico? Quizás sea hora de cambiar.

TU MISIÓN DE 2 MINUTOS: en el siguiente almuerzo, pídeles a tres amigos que te muestren su comida. Enséñales la tuya. ¿Sus almuerzos contienen plástico? Promete eliminar AL MENOS una de las piezas de plástico de tu almuerzo.

10 PUNTOS

Oí decir que usted ha estado cargando plástico, señora Lonchera...

TOMA EL CONTROL DEL EMPAQUE DE TU ALMUERZO

Empaquetar almuerzos todos los días toma tiempo y esfuerzo. A menudo, las opciones más prácticas son las peores para el planeta.

Meriendas envueltas individualmente
PROBLEMA: montones de envolturas de plástico.
SOLUCIÓN: haz tus propias galletas.

Vasito de yogur
PROBLEMA: envase de plástico.
SOLUCIÓN: lleva el tuyo en un envase reutilizable.

Cajita de jugo
PROBLEMA: popotes envueltos en plástico y caja difícil de reciclar.
SOLUCIÓN: lleva jugo en botella reutilizable.

Porciones individuales de frutas y verduras
PROBLEMA: montones de envolturas de plástico.
SOLUCIÓN: usa un envase reutilizable.

Por lo general, las manzanas precortadas, las barras de chocolate pequeñas, los sándwiches, las ensaladas y las bebidas vienen empacados en montones de plástico.

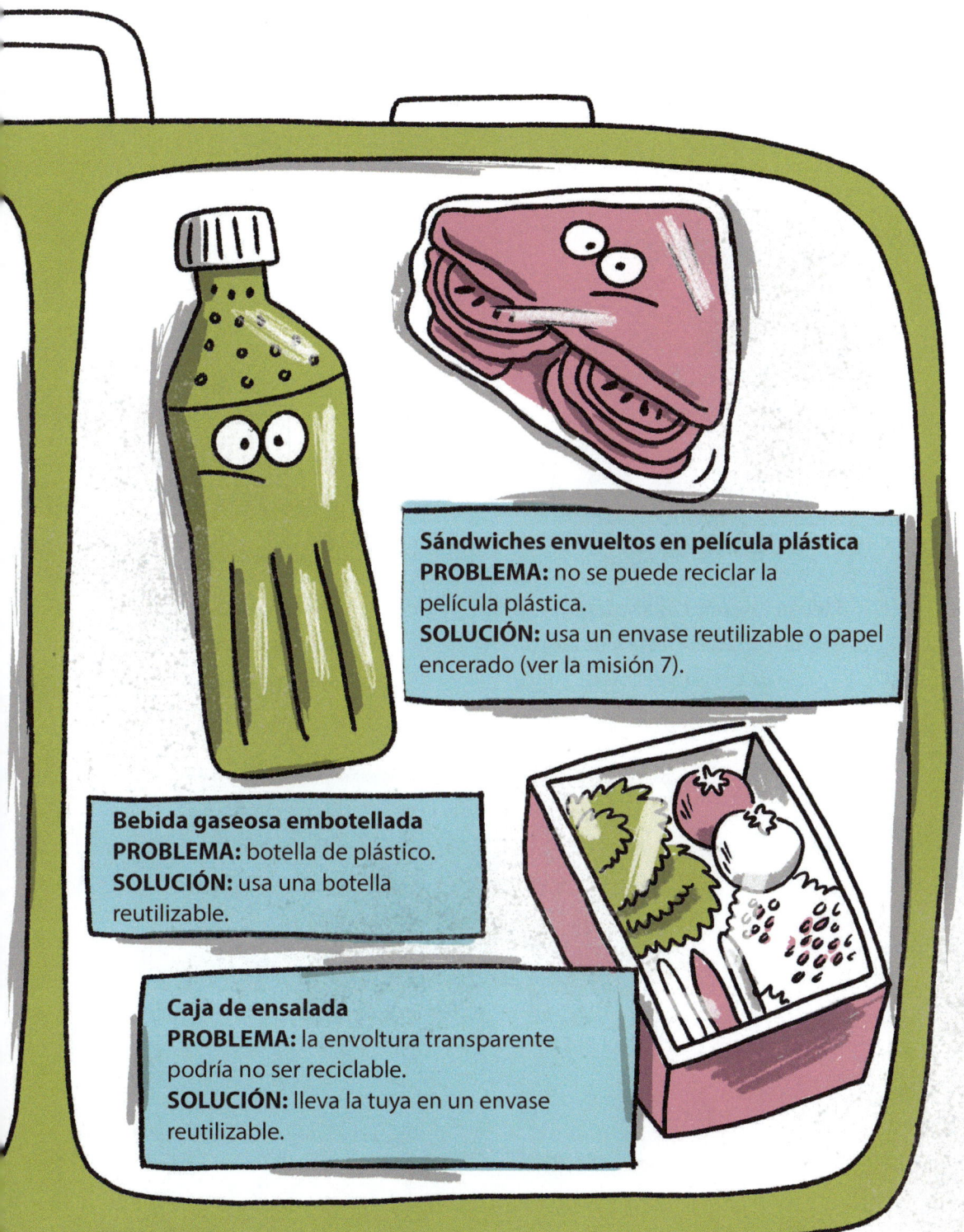

Sándwiches envueltos en película plástica
PROBLEMA: no se puede reciclar la película plástica.
SOLUCIÓN: usa un envase reutilizable o papel encerado (ver la misión 7).

Bebida gaseosa embotellada
PROBLEMA: botella de plástico.
SOLUCIÓN: usa una botella reutilizable.

Caja de ensalada
PROBLEMA: la envoltura transparente podría no ser reciclable.
SOLUCIÓN: lleva la tuya en un envase reutilizable.

COMBATE EL PLÁSTICO EN LA COMIDA ESCOLAR

¿Cuántas comidas se distribuyen diariamente en tu escuela? Si se sirven con popotes y cubiertos de plástico de un solo uso, envases de cartón, botellas de plástico o envases de plástico, entonces, no es difícil hacer la cuenta y descubrir cuánto plástico podría dejar de usar tu escuela si optara por alternativas que no fueran desechables. ¡Es hora de luchar por almuerzos libres de plástico!

Piensa en cuántos almuerzos se sirven en tu escuela a lo largo de un año escolar.

Ahora, piensa en cuántas escuelas hay en todo el país.

TU MISIÓN DE 2 MINUTOS: ¡muestra y cuenta! Pregúntale a tu maestro si puedes hablarles a tus compañeros, en el aula o en la reunión matutina, acerca de tu misión #2minutesuperhero. Explica por qué estás tratando de reducir la cantidad de plástico y cómo lo estás haciendo. Pídeles a tus compañeros que firmen una petición para ayudarte.
50 PUNTOS

Piensa en cuántos millones de almuerzos escolares se consumen al año.

Y recuerda: basta un solo popote de plástico para matar una tortuga.

TU MISIÓN DE 2 MINUTOS: ¿tu escuela cuenta con un espacio para reciclar los plásticos de un solo uso, como envases de yogur, popotes y botellas de bebidas? Si no es así, ¡establece uno! Consigue permiso de tu maestro y del director de la escuela. Elabora carteles para que todo el mundo sepa dónde poner cada cosa.

40 PUNTOS

MISIÓN 6
COMBATE EL PLÁSTICO EN EL SUPERMERCADO

Aquí es donde el combate contra el plástico se pone serio. ¿Por qué? Porque los alimentos y las bebidas son una de las grandes fuentes de empaques de un solo uso. Y mientras más hagamos por reducir nuestra dependencia de ellos, más combatiremos el plástico. Pero no te preocupes, trataré de que esta parte de tu entrenamiento sea divertida. Y breve.

¿POR QUÉ LOS SUPERMERCADOS USAN TANTO PLÁSTICO?

Los supermercados están llenos de empaques de plástico por muchas razones.

HIGIENE
Para mantener la comida libre de gérmenes.

TRANSPORTE
Nuestra comida proviene de todas partes del mundo.

FRESCURA
Algunos alimentos durarán más si se envuelven en plástico.

PERFECCIÓN
Nos gusta que nuestra comida se vea impecable.

¿CÓMO PUEDES EVITAR EL PLÁSTICO EN LA COMIDA?

- Elige frutas y verduras libres de plástico.
- Compra en las tiendas locales.
- Compra en los mercados de pequeños productores.
- Lleva contenedores y envases a la sección de charcutería del supermercado.
- ¡Lleva siempre bolsas reutilizables!

CONVENIENCIA
Nos gusta que nuestra comida se pueda preparar rápidamente.

PORCIONES
Resulta fácil y rápido usar porciones individuales de comida.

MERCADOTECNIA
Los empaques aumentan la posibilidad de que compremos algo.

COMBATE EL PLÁSTICO CON PODER LATOSO

¿Te llevan tus padres cuando van al supermercado? ¡Perfecto! A los superhéroes eso les encanta porque les brinda la oportunidad de involucrarse en las compras. ¡Insísteles a tus padres! Dales la lata para que tu familia haga las mejores elecciones en cuanto a la comida. Si hay una alternativa que no esté envuelta en plástico, haz que se unan a tu lucha al cambiar la manera en que compran.

TU MISIÓN DE 2 MINUTOS: ofrece ayudar con las compras y entonces podrás opinar acerca de la comida que adquieren como familia.
20 PUNTOS

COMBATE EL PLÁSTICO CAMBIANDO LA MANERA DE COMPRAR

Los supermercados son sitios donde combatir el plástico es difícil, así que quizás sea hora de ir a otro lado. Los mercados de pequeños productores pueden resultar mucho más divertidos y son lugares geniales para comprar vegetales frescos cultivados localmente y sin todas esas envolturas.

También puedes llevar a tus padres a una tienda que venda productos a granel, donde podrás elegir muchos alimentos secos, como harina, azúcar, sal y cereales, sin ninguna clase de empaque. ¡No olvides llevar tus propios envases!

TU MISIÓN DE 2 MINUTOS: organiza una ida de compras libre de plásticos ¡y regresa a casa con CERO basura!
40 PUNTOS

MISIÓN 7

COMBATE EL PLÁSTICO EN TU COCINA

¿Quién manda en la cocina de tu casa? Si de verdad vas a luchar contra el plástico en la cocina, tal vez necesites tomar el control de esta. Hay muchísimas cosas que puedes hacer para combatir el plástico ahí. Puedes evitar los alimentos que vienen envueltos en plástico, involucrarte un poco en el lavado de los trastes, comenzar una política muy estricta contra las bolsas de plástico, aprender a cocinar sin plástico y ayudar a tu familia a hacer mejores elecciones, libres de plástico.

HAZ DE TU COCINA UNA ZONA LIBRE DE BOLSAS

¿Cuántas bolsas hay debajo del fregadero de la cocina? ¡Apuesto a que hay montones!

Será tu trabajo cambiarlas por bolsas de tela que puedas utilizar una y otra vez. No permitas que tu familia use nada más.

En 2016, California prohibió a la mayoría de las tiendas entregar sus mercancías en bolsas plásticas. Antes de que existiera esa prohibición, los comercios en California repartían más de 19 mil millones de bolsas anualmente. En 2017, unos voluntarios que recogieron basura en Monterey County solo hallaron 43 bolsas plásticas, comparado con las casi 2500 que recogieron en 2010.

Esto nos muestra que los pequeños cambios y acciones se pueden sumar para lograr un GRAN cambio. ¡Adelante!

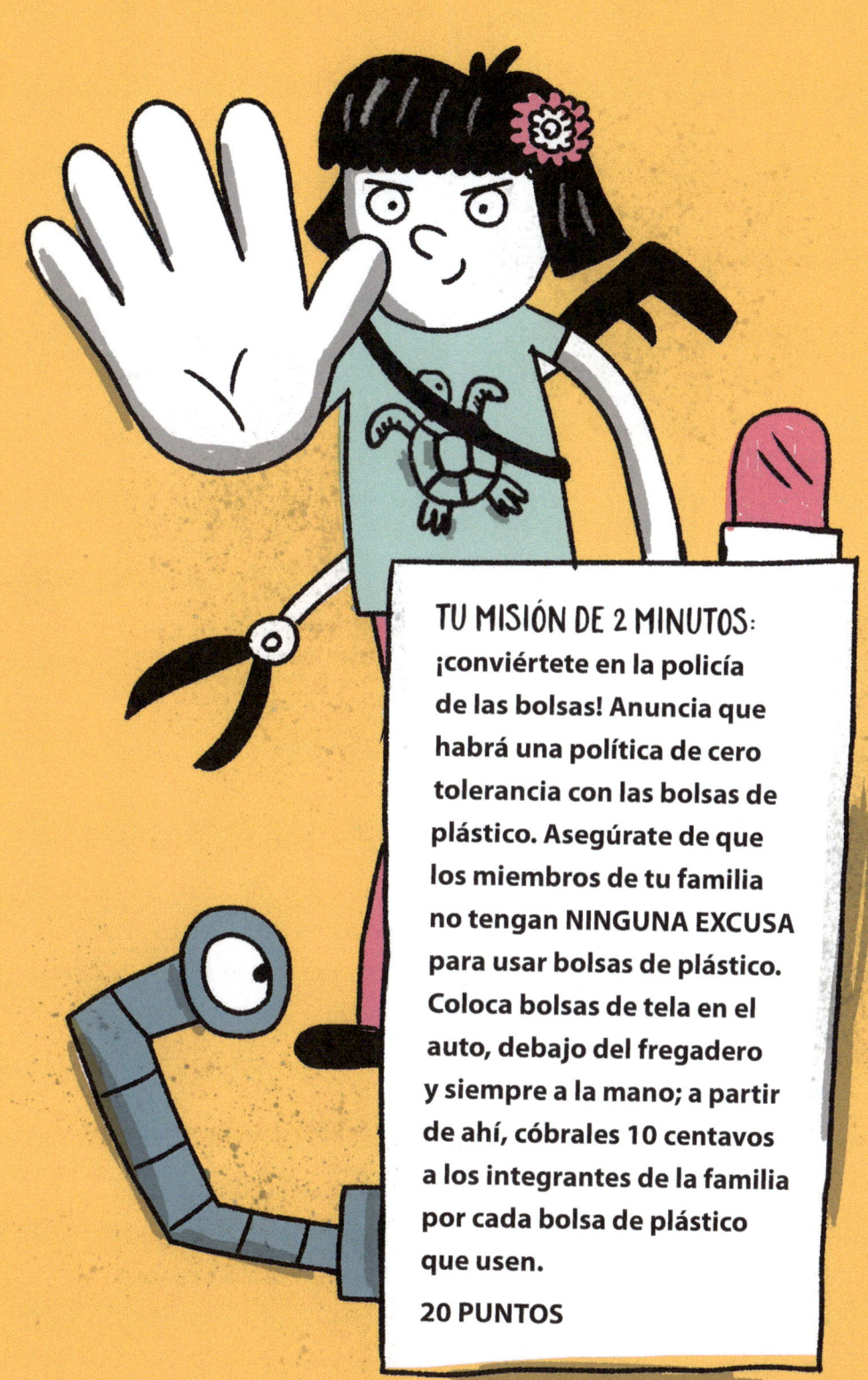

TU MISIÓN DE 2 MINUTOS: ¡conviértete en la policía de las bolsas! Anuncia que habrá una política de cero tolerancia con las bolsas de plástico. Asegúrate de que los miembros de tu familia no tengan NINGUNA EXCUSA para usar bolsas de plástico. Coloca bolsas de tela en el auto, debajo del fregadero y siempre a la mano; a partir de ahí, cóbrales 10 centavos a los integrantes de la familia por cada bolsa de plástico que usen.
20 PUNTOS

SUPERHÉROE COTIDIANO

Nombre: Jim

Empleo: salvavidas

Superpoder: conduce un *jet ski*.

Cómo combate el plástico: organizó una sesión de limpieza de la playa de 14 horas, desde el amanecer hasta el anochecer.

Su consejo: elimina el uso de las bolsas de plástico. Quedan atrapadas en el motor del *jet ski* y me impiden rescatar a las personas.

Odia: las bolsas de plástico. ¡No las necesitas!

Ama: contarle a la gente los problemas que causa el plástico de un solo uso.

JIM

ELIMINA EL PLÁSTICO A LA HORA DE FREGAR

¡Realiza una intervención! ¿Tu familia usa esponjas de fibra sintética o compra detergente para fregar? ¡Esta es una oportunidad de combatir el plástico! La mayoría de las esponjas de fregar están hechas de plástico, así que, cada vez que las usas, pequeños pedacitos del material se van por el drenaje y, con el tiempo, llegan al mar. Cada vez que usas una esponja u otro tejido sintético, corres el riesgo de arrojar cientos de diminutas fibras de plástico hacia el océano.

TU MISIÓN DE 2 MINUTOS: cambia las esponjas de plástico por unas de fibra de coco o de metal; usa paños de algodón en vez de los sintéticos y rellena tu botella de detergente líquido para fregar en una tienda a granel.

30 PUNTOS

COMBATE EL PLÁSTICO CON TU SARTÉN DE SUPERHÉROE

¿Sabes cocinar? Tal vez sea hora de aprender. Cocinar con ingredientes frescos (que no vienen envueltos en plástico) es mucho mejor para el planeta que comer alimentos que vienen en empaques complicadísimos, como los platillos preparados, los vasos de sopa o las ensaladas en bolsas de plástico. Cocina con vegetales sueltos y, de inmediato, reducirás tu consumo de plástico. Aprender a hornear pasteles, panes y *pizzas* también ayudará con tu consumo de plástico. ¡Y cocinar también puede ser muy divertido!

RENUNCIA A LAS MINIPORCIONES

La comida que viene en porciones individuales —como los pequeños envases de yogur y los alimentos de tamaño reducido— utilizan más del doble de cantidad de plástico. ¡Diles no! Puedes servirte yogur de un envase más grande, comer galletas de un paquete grande y servirte cereal de una caja gigante. ¡Fácil!

TU MISIÓN DE 2 MINUTOS: elige tu cereal favorito. Localiza la caja más grande y la más pequeña que encuentres. Calcula cuántos pozuelos de cereal contiene cada una y cuántas cajas de cada tamaño necesitas para llenar 100 pozuelos.

10 PUNTOS

COMBATE LA PELÍCULA DE PLÁSTICO ADHERENTE

¿Qué te parecería pasar una tarde divertida elaborando una alternativa que es 100 % natural, reutilizable, fácil de hacer y que mantiene la comida igual de fresca durante el mismo tiempo?

VERDAD PEGAJOSA: es muy difícil reciclar la película de plástico adherente, especialmente, si tiene restos de comida.

TU MISIÓN DE 2 MINUTOS: con ayuda de un adulto, haz envolturas con cera de abeja. Busca un trozo de tela de algodón con un diseño atractivo y "píntala" con la cera (esta la puedes comprar en línea). Si eres vegano, usa cera de origen vegetal. Puedes añadir resina de pino para que las envolturas se vuelvan más adherentes.

40 PUNTOS

CÓMO HACER ENVOLTURAS CON CERA DE ABEJA

1. Consigue ayuda de un adulto. Corta cuadrados de 10 pulgadas (25 centímetros) de una tela de algodón usada y lavada.

2. Pon un cuadrado de tela en una bandeja para hornear forrada con papel encerado. Echa dos cucharaditas de bolitas de cera.

3. Con cuidado, pongan la bandeja en el horno caliente (a unos 200 °F/100 °C) de 5 a 10 minutos aproximadamente.

4. Utilizando guantes de cocina, saquen la bandeja del horno. Usa un cepillo para esparcir la cera sobre la tela. Agarra la tela por dos esquinas con ayuda de pinzas para ropa y retírala.

5. Sostén la tela sobre la bandeja durante 2 minutos para que se enfríe.

6. Deja que se seque sobre una rejilla de metal durante 5 minutos.

7. Después de usar la envoltura, enjuágala en agua fría. Luego, pórtate genial y reúsala.

MISIÓN 8
COMBATE EL PLÁSTICO EN TU JARDÍN

¿Estás listo para ensuciarte las manos? Los superhéroes de *dedos verdes* van a adorar esta misión. ¿Por qué? Porque se trata de combatir el plástico en el jardín y de enseñarte la manera en que puedes usar plástico viejo para cultivar plantas nuevas. Y te vas a ensuciar. ¡Brillante!

HACER COMPOST

El compost es lo mejor que existe para que crezcan las plantas porque está hecho de materia descompuesta llena de beneficios naturales.

Es fácil hacer compost en casa si tienes espacio, aunque toma tiempo (¡más de 2 minutos!).

Si no puedes hacer el tuyo, tal vez puedas comprarlo en tu localidad. Estará hecho de los desechos de comida y los desperdicios de los jardines que se recolectan en tu comunidad. ¡A veces es gratis!

CÓMO HACER COMPOST

1. Consigue un contenedor para compost o haz el tuyo.

2. Recolecta las cáscaras de frutas y verduras y la materia verde y café de tu jardín.

3. Echa todo eso en el contenedor para compost.

4. Revuélvelo cada dos semanas para ayudar a que se pudra.

5. ¡Ta-táaán! ¡Ya es compost!

TU MISIÓN DE 2 MINUTOS: usa el compost que hiciste para llevar a cabo la misión 2. Pon un poco de compost en macetas y siembra algunas semillas de girasol. ¡Mira tus plantas crecer muy alto!
20 PUNTOS

AHORRAR PLÁSTICO CULTIVANDO

Cultivar plantas es divertido y a veces más sencillo de lo que piensas. Y cultivarlas tú mismo puede evitarte el tener que comprar vegetales o ensaladas en el supermercado. Muchas de las ensaladas compradas vienen en bolsas o envolturas que no se pueden reciclar, así que tiene sentido cultivarlas en casa para poder eliminar el desperdicio de plásticos. Además, son beneficiosas para ti, y también sabrosas.

CÓMO CULTIVAR LECHUGAS EN CASA.

1. Consigue una mezcla de semillas de lechuga.

2. Llena de compost una bandeja de plástico negra —de las que se usan para alimentos— grande y limpia.

3. Esparce las semillas sobre la superficie. Cúbrelas con otra capa delgada de compost.

4. Coloca la bandeja en el alféizar de una ventana donde dé el sol. Riégala un poco. Espera unos 10 días. Riégala cuando lo necesite.

5. Corta las hojas cuando estén pequeñas. Déjalas crecer un poco más. Corta de nuevo.

REUTILIZAR EL PLÁSTICO

Por desgracia, todavía se utilizan muchos plásticos de un solo uso. La jardinería ofrece muchas oportunidades de reutilizarlo. Envases de yogur, contenedores de alimentos y botellas de plástico son excelentes para hacer germinar semillas.

TU MISIÓN DE 2 MINUTOS: corta una botella de plástico transparente a la mitad y llena el fondo con compost. Coloca tres chícharos cerca de los bordes de la botella. Riégala y déjala en el alféizar de una ventana. Podrás ver cómo germinan las semillas y crecen los brotes. Cuando hayan crecido un poco, siémbralos afuera en una maceta más grande. Puedes cortar los retoños y agregárselos a tu ensalada o esperar para comerte los chícharos.

20 PUNTOS

SUPERHÉROE COTIDIANO

Nombre: la doctora Seaweed

Empleo: jardinera

Superpoder: tiene dedos verdes.

Cómo combate el plástico: reutiliza recipientes y contenedores de plástico en su jardín.

Su consejo: comienza a preparar compost para que puedas cultivar plantas a partir de las cáscaras de tus frutas y verduras.

Odia: los desechos que no se reutilizan.

Ama: ver cómo surge nueva vida.

LA DOCTORA SEAWEED

ORGANIZA UN CLUB DE JARDINERÍA

Si no puedes hacer un jardín en casa, consigue ayuda para empezar a hacer jardinería en la escuela o en tu comunidad. Empieza poco a poco, sembrando vegetales sencillos como los tomates y ve avanzando a partir de ahí.

TU MISIÓN DE 2 MINUTOS: habla con tu maestro acerca de comenzar un club de jardinería o cultivar lechugas o vegetales en tu salón de clases. Usen potes, bandejas y contenedores de plástico que les sobren. Cuando las plantas hayan crecido lo suficiente como para comérselas, llévenselas a casa.

20 PUNTOS

MISIÓN 9
COMBATE EL PLÁSTICO EN TU BAÑO

El baño es un excelente sitio para combatir el plástico. ¿Por qué? Porque ahí hay mucho. Numerosos productos de aseo, desde el jabón hasta el champú, están hechos de plástico o vienen empaquetados en este material. Podría parecer una tarea un poco difícil cambiarlos por algo diferente, ¡pero sí se puede! De hecho, estas dos misiones de 2 minutos son más fáciles de lo que podrías pensar.

LOS PLÁSTICOS DEL BAÑO AL DESNUDO

- En Estados Unidos se desechan cerca de 1000 millones de cepillos de dientes al año.

- En Estados Unidos se emplean 83 000 toneladas (77 000 toneladas métricas) de toallitas húmedas al año.

- Los palitos de los hisopos están entre los objetos que más encontramos en las limpiezas de playas. Son lo suficientemente pequeños como para escapar por el sistema de drenaje y ser arrojados al mar.

Los cepillos de dientes casi siempre son de plástico, pero no tienen que serlo.

TU MISIÓN DE 2 MINUTOS: intenta usar un cepillo de dientes hecho de bambú, uno de los materiales de más rápido crecimiento y más sostenibles del mundo. Cuando ya no sirva, puedes echarlo en tu compost.

20 PUNTOS

La pasta dental, por lo general, se vende en tubos de plástico. De nuevo, no tiene por qué ser así. Algunas marcas vienen en tubos de metal que se pueden reciclar fácilmente y otras, en forma de tabletas o en frascos de vidrio.

TU MISIÓN DE 2 MINUTOS: prueba usar una pasta dental que venga en un frasco de vidrio o en forma de tableta. Podría no ser como aquella a la que estás acostumbrado, pero funcionará y es una manera fabulosa de combatir el plástico dos veces al día.

20 PUNTOS

El jabón líquido viene en botellas de plástico. Algunas se pueden rellenar; otras simplemente se tiran o se reciclan cuando están vacías. Además, los mecanismos de bombeo pueden ser difíciles de reciclar porque tienen resortes adentro.

> **TU MISIÓN DE 2 MINUTOS:** ¡cambia de jabón! Deshazte del dispensador de jabón líquido y sustitúyelo por una barra de jabón sólido que venga envuelta en papel.
> **10 PUNTOS**

El champú, el acondicionador y el gel de baño vienen en botellas de plástico de un solo uso. Aunque pueden reciclarse, es mejor no adquirirlos.

> **TU MISIÓN DE 2 MINUTOS:** prueba el champú sólido y utiliza jabón en barra en lugar del gel de baño.
> **10 PUNTOS**

El papel de baño no contiene de plástico, pero, a menudo, el rollo viene envuelto en plástico.

TU MISIÓN DE 2 MINUTOS: trata de encontrar en tu supermercado local un paquete de papel de baño que venga envuelto en papel.
10 PUNTOS

Los hisopos, con frecuencia, tienen palitos de plástico.

TU MISIÓN DE 2 MINUTOS: busca hisopos con palito de papel o bambú. Mejor compra de esos o considera no usarlos.
10 PUNTOS

SUPERHÉROE COTIDIANO

Nombre: Rowena

Empleo: diseñadora de maquillaje

Superpoder: elabora productos de aseo que no producen desechos.

Cómo combate el plástico: hace jabones y champús que no vienen en botellas.

Su consejo: el champú en barra dura muchísimo y no produce basura de plástico.

Odia: que las cosas no se reutilicen.

Ama: vivir en un mundo limpio y ordenado.

ROWENA

MISIÓN 10
COMBATE EL PLÁSTICO EN EL INODORO

¿Quién se apunta para visitar el alcantarillado? Traigan pinzas para la ropa porque podría ponerse apestoso. Ahí es donde van a parar la orina y los excrementos cuando halamos la cadena. Desafortunadamente, muchas otras cosas terminan ahí también. ¡Y eso es un problema para el océano!

PIENSA ANTES DE HALAR LA CADENA

Siempre que descargas el tanque del inodoro, todo lo que hay en la taza se va por la cañería hasta la alcantarilla y de ahí hasta una planta de tratamiento, donde se filtra y se limpia el agua.

El problema es que los filtros de las plantas de tratamiento no pueden atraparlo todo. Objetos pequeños, como los palitos de los hisopos, se escurren y se abren camino por todo el sistema de desagüe hasta llegar al mar. Las toallitas húmedas, que están hechas de plástico, se quedan atrapadas en el sistema de alcantarillado o en los "icebergs de grasa", masas gigantescas de grasa solidificada que se han vertido por los fregaderos de las casas.

CUANDO LAS COSAS EMPIEZAN A OLER MAL

Cuando llueve extremadamente fuerte, se acumula demasiada agua para procesar en el sistema de alcantarillado, así que las compañías de agua alivian la presión permitiendo el paso de las aguas negras a través de tuberías inmensas que conforman un sistema combinado de alcantarillado. En esos momentos, toda la orina, los excrementos, el vómito, el papel y cualquier otra cosa que haya ido a parar a la taza del baño, se va directamente al mar y, con el tiempo, puede terminar en la playa. Eso significa que todas las curitas, hisopos, toallitas húmedas y aplicadores de tampones terminan en MI PLAYA. Todo el tiempo los estamos recogiendo ¡y es horrible!

TU MISIÓN DE 2 MINUTOS: pídele a tu maestro que organice una visita a la planta local de tratamiento de aguas residuales. Tal vez no suene divertido, pero será MUY interesante.

100 PUNTOS

LO QUE NO PUEDES ECHAR EN LA TAZA

Hisopos

Toallitas húmedas

Purpurina

Microesferas

Soldaditos de plástico

Bolsas de plástico

Productos de higiene femenina

Curitas

Almohadillas de quitar maquillaje

Vendas

CUALQUIER COSA QUE NO SEA ORINA, EXCREMENTOS, VÓMITO O PAPEL

AMA TU INODORO

¡Recuerda que solo orina, papel, vómito y excrementos pueden irse por el inodoro!

TU MISIÓN DE 2 MINUTOS: cuenta los inodoros que usas con regularidad. Elabora un letrero para cada uno que diga: "Solo orina, papel, vómito y excrementos en este inodoro. ¡Gracias!".
20 PUNTOS

Pregúntales a los integrantes de tu familia qué suelen echar en el inodoro.

TU MISIÓN DE 2 MINUTOS: si tu familia echa en la taza cualquier cosa que no sea lo que ya dijimos, pregunta si puedes poner un cesto con tapa cerca del inodoro para arrojar ahí todo lo demás. Esas cosas pueden depositarse después en la basura o el reciclaje.
20 PUNTOS

DATO GRASOSO: en 2018 se halló, en el alcantarillado de Devon, Inglaterra, una montaña flotante de 210 pies (64 metros) de longitud. Era un cúmulo de toallitas húmedas, grasa y aceites de desecho de las cocinas. ¡Era más grande que 4 autobuses!

Las toallitas húmedas están hechas usualmente de plástico y no debemos echarlas nunca al inodoro. A menudo encontramos muchas en las limpiezas de playa. La verdad es que cualquier toalla de tela puede cumplir el objetivo, ¡y la puedes reutilizar!

TU MISIÓN DE 2 MINUTOS: si los miembros de tu familia usan toallitas húmedas, haz un letrero para recordarles que no deben desecharlas por el inodoro. Mejor aún, haz el cambio a la toalla de tela.
10 PUNTOS

SUPERHÉROE COTIDIANO

Nombre: Shayna

Empleo: pardela paticlara

Superpoder: evadir a los pescadores.

Cómo combate el plástico: salió en la tele con el estómago lleno de plástico.

Su consejo: ¡no lo eches al inodoro! Para las aves marinas, el plástico luce como y sabe a comida.

Odia: que la hagan vomitar para deshacerse del plástico.

Ama: que la rescaten y no tener el estómago lleno de plástico.

SHAYNA

MISIÓN II
COMBATE EL PLÁSTICO EN TU CLÓSET

¡Ya sé lo que estás pensando! Crees que no hay plástico en tu clóset, ¿verdad? Lo creas o no, tu clóset —o el piso de tu cuarto si es ahí donde dejas tu ropa— es un buen sitio para combatir el plástico. Muchas prendas están hechas de fibras sintéticas que son de plástico, incluyendo el nailon, la licra y el poliéster. Y cuando se lavan, de las prendas de plástico se desprenden montones de fibras diminutas llamadas microfibras que se van por el drenaje hasta el mar.

POR QUÉ EL PLÁSTICO YA PASÓ DE MODA

El nailon, el poliéster, el acrílico y otras fibras sintéticas (que no vienen de la naturaleza) están todas hechas de diferentes tipos de polímeros (plásticos) y no se descomponen o biodegradan.

Las camisetas de futbol, los uniformes de la escuela, las medias deportivas y los abrigos, con frecuencia, están hechos de fibras sintéticas. Tú puedes verificar qué materiales se han empleado en ellos con solo leer las etiquetas.

Lo mismo ocurre con cosas brillantes como las lentejuelas. Tristemente, están hechas de plástico y resulta muy difícil reciclarlas. Las pieles falsas que se les ponen a los abrigos también están hechas de fibras sintéticas.

Puedes evitar el plástico en tu ropa al elegir alternativas naturales como lana, algodón, cáñamo, seda o bambú.

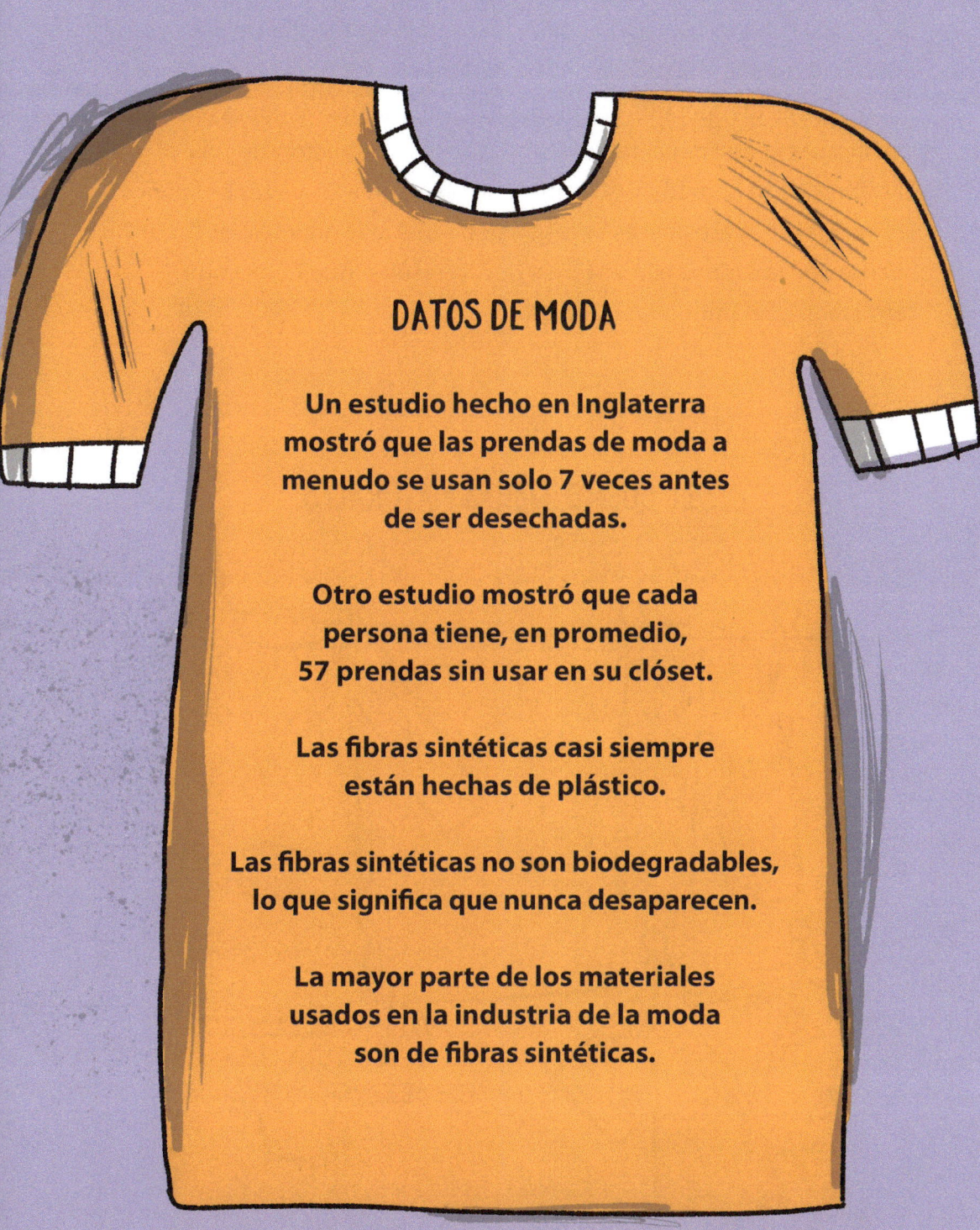

DATOS DE MODA

Un estudio hecho en Inglaterra mostró que las prendas de moda a menudo se usan solo 7 veces antes de ser desechadas.

Otro estudio mostró que cada persona tiene, en promedio, 57 prendas sin usar en su clóset.

Las fibras sintéticas casi siempre están hechas de plástico.

Las fibras sintéticas no son biodegradables, lo que significa que nunca desaparecen.

La mayor parte de los materiales usados en la industria de la moda son de fibras sintéticas.

POR QUÉ LAVAR LA ROPA ES MALO PARA TI

Las microfibras son diminutas fibras de plástico que se desprenden de tu ropa cuando la lavas. Son una de las mayores fuentes de plástico en el océano. ¡Imagina la pelusa de la secadora yéndose por el drenaje cada vez que lavas tu ropa! Ufff. Las plantas de tratamiento de aguas residuales son incapaces de atrapar las fibras, así que se van directo a un río o al mar. Las fibras no se degradan; en cambio, el plancton y los peces pequeños las ingieren. Si a esos peces se los comen otros más grandes, las fibras avanzan en la cadena alimenticia y podría resultar que tú mismo terminaras comiéndotelas. ¡Guácala!

LO BUENO: FIBRAS NATURALES

Jeans hechos de algodón

Suéteres hechos de lana

Camisas hawaianas hechas de rayón

Ropa interior hecha de bambú

SUPERHÉROE COTIDIANO

Nombre: Linda

Empleo: diseñadora de modas

Superpoder: transforma desechos en ropa bonita.

Cómo combate el plástico: reutiliza el plástico del océano para hacer vestidos.

Su consejo: ¡no te hagas el disimulado!

Odia: a las empresas que fingen ser "verdes" para vender más productos.

Ama: luchar juntos contra el plástico.

LINDA

LO MALO: FIBRAS SINTÉTICAS

Camisetas de futbol hechas de nailon (lo siento)

Sudaderas hechas de acrílico

Abrigos hechos de poliéster

Medias hechas de nailon

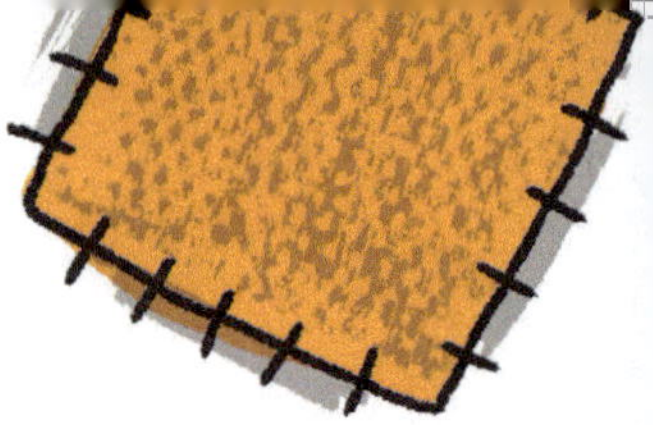

CÓMO COMBATIR EL PLÁSTICO EN TU CLÓSET

El secreto para combatir el plástico en tu clóset es escoger con cuidado tus prendas de vestir y cuidarlas para que te duren mucho antes de que tengas que comprar nuevas. Aquí tienes otras ideas:

1. ¡Aprende a coser! Reparar los agujeros evitará que tus prendas se desgasten, lo que significa que podrás usarlas una y otra y otra y otra vez.

> **TU MISIÓN DE 2 MINUTOS:** aprende a remendar tu ropa.
> **10 PUNTOS**

2. Lava menos seguido las prendas de nailon, poliéster u otras fibras sintéticas. Menos seguido significa que menos plástico va a dar al mar.

> **TU MISIÓN DE 2 MINUTOS:** separa las prendas hechas de fibras sintéticas de aquellas elaboradas con fibras naturales. Lávalas con menos frecuencia.
> **10 PUNTOS**

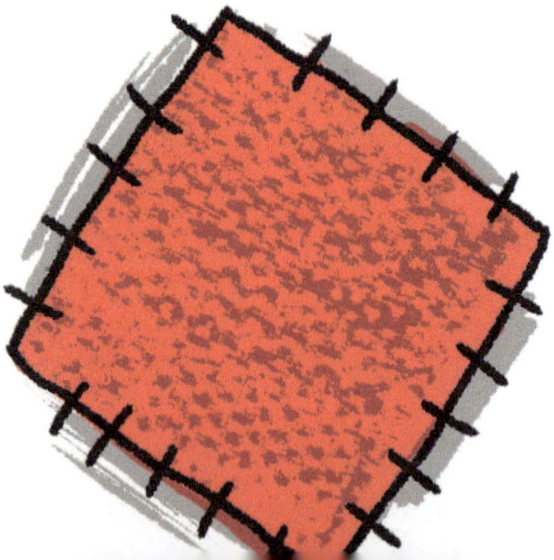

3. Lava tus prendas de fibras sintéticas en bolsas especiales o junto con una bola diseñada para atrapar las microfibras antes de que entren en el sistema de drenaje.

TU MISIÓN DE 2 MINUTOS: atrapa las microfibras en la lavadora con una bolsa o una bola especialmente diseñadas para ello. Echa las fibras a la basura.
10 PUNTOS

4. Regálale la ropa que ya no quieras a un amigo o pariente, envíala a una beneficencia o haz una venta de garaje. ¡No la tires a la basura! (¡Y compra siempre que puedas en tiendas de segunda mano!).

TU MISIÓN DE 2 MINUTOS: organiza un trueque de ropa en tu escuela o club. Lleva las prendas que ya no te agradan e intercámbialas por las que ya no les gustan a tus amigos.
10 PUNTOS

5. ¡Ponte creativo y trata de reutilizar! Dales vida a tus prendas usadas con colorantes libres de plástico, pintura textil y otros adornos.

TU MISIÓN DE 2 MINUTOS: hazte tu propio traje de #2minutesuperhero con prendas viejas.
20 PUNTOS

MISIÓN 12

COMBATE EL PLÁSTICO EN LA CANCHA, LA PISTA Y EL CAMPO DEPORTIVO

¡Los deportes son fantásticos! ¡Pero el plástico en la cancha es espantoso! Basta con que llueva para que cualquier basura que haya quedado después del partido corra el riesgo de ir a parar al alcantarillado, de ahí a un río y luego al mar. Se va a necesitar un superhéroe para hacerle frente este problema.

JUEGOS LIBRES DE PLÁSTICO

Las leyendas del deporte necesitan hidratación y sustento. ¡Nos referimos a ti! En la cancha, necesitas agua y merienda, ya sea que estés jugando *hockey*, corriendo a campo traviesa, pedaleando, nadando o pateando una pelota en el parque. ¡Pero recuerda asegurarte de que la merienda y el agua estén libres de plástico!

COMO PARA ECHAR A CORRER: en el maratón de Boston se utilizan aproximadamente 62 000 botellas y 1.4 millones de vasos de plástico de un solo uso.

LIMPIA ANTES Y DESPUÉS DEL PARTIDO

Llevar a cabo un **#2minutelitterpick** antes de comenzar el partido hará que tu cancha esté limpia y sea segura. Hazlo de nuevo al concluir y déjala incluso más bonita que cuando llegaste. Si haces esto cuando vas a jugar a otros clubes o escuelas, quedarán MUY impresionados. ¡Les estarás mostrando lo que deben hacer!

TU MISIÓN DE 2 MINUTOS: organiza a tu equipo para recoger la basura después de cada partido. Lleva una bolsa y recoge cualquier desecho. Recicla lo que puedas. Causarás buena impresión y, sin importar lo que pase en el partido, eso ya será un TRIUNFO.
30 PUNTOS

SUPERHÉROE COTIDIANO

Nombre: Pete

Empleo: limpia las playas.

Superpoder: nunca darse por vencido. Jamás. Ni siquiera cuando algo parece imposible.

Cómo combate el plástico: lidera un grupo de limpiadores felices de playa y calle.

Su consejo: el aire libre te hace más feliz. Caminar por una playa limpia es algo muy placentero.

Odia: el horrendo jugo de los cubos de basura viejos.

Ama: los aparatos que puede engancharse en el cinturón.

PETE

¡APÚNTATE AL PLOGGING!

El *plogging* es una idea escandinava que consiste en que la gente recoja la basura que hay tirada mientras corre haciendo ejercicio. Es muy sencillo: simplemente corres ¡y recoges basura! ¡Hazlo durante el calentamiento!

TU MISIÓN DE 2 MINUTOS: a la hora del almuerzo, toma una bolsa y ponte a hacer *plogging* por todo el patio de juegos.
30 PUNTOS

MISIÓN 13
COMBATE EL PLÁSTICO EL FIN DE SEMANA

Ahora que ya te entró el gusanito de ser superhéroe, ¡tus fines de semana y vacaciones van a ser completamente diferentes! Verás el mundo a través de nuevos ojos, localizando basura, evitando los plásticos de un solo uso y asegurándote de dejar los lugares que visites más bonitos que como los encontraste al llegar. ¡Qué maravilla! Eres un #2minutesuperhero y haces del mundo un sitio mejor dondequiera que vas.

DÍAS LIBRES SIN PLÁSTICO

¿Vas a la playa? ¡Yupiii! Únete a la campaña de **#2minutebeachclean**. Es fácil: activa el cronómetro, toma una bolsa y ¡FUERA! ¿Cuánto plástico puedes hallar? Y si después vas a celebrar con helado, recompénsate con un cono. ¡Nada de vasito plástico!

> **TU MISIÓN DE 2 MINUTOS:** haz un reto #2minutebeachclean y ve qué puedes hallar. Busca bolsas de plástico, botellas, tapas de botellas, hisopos, toallitas húmedas y trozos de redes de pesca. Esos son los objetos que encontramos con mayor frecuencia. Pero también busca legos, soldaditos de juguete, hilos de pesca y chanclas viejas.
> **10 PUNTOS**

COMBATE EL PLÁSTICO EN EL CINE

¿Vas al cine? Lleva un popote de papel y quizás, incluso, tu propio vaso reutilizable. Claro, las palomitas vienen en cajas de cartón, así que no tienen problema. Solo ten cuidado con las bolsas de golosinas y los cubiertos de plástico. En lugar de dejarla ahí, llévate tu basura a casa ¡donde sí puedes reciclarla!

TU MISIÓN DE 2 MINUTOS:
¡haz de esta noche de película un evento libre de plásticos!
10 PUNTOS

COMBATE EL PLÁSTICO EN EL PARQUE DE DIVERSIONES

¿Vas a un parque de diversiones? ¡Probablemente sea un reto! Pero puedes lograrlo. Lleva sándwiches, tu botella de agua reutilizable y tus propias meriendas hechas en casa para disfrutar la emoción trepidante de un día libre de plástico. Di no a los popotes de plástico o lleva uno de papel.

CÓMO HACER COMIDA RÁPIDA LIBRE DE PLÁSTICO

La comida rápida no tiene que venir con plástico. Rechaza los popotes y cubiertos de plástico si te los ofrecen, elige vasos sin tapa y di no a esos horribles paquetitos de aderezos.

TU MISIÓN DE 2 MINUTOS: ve a tu restaurante de comida rápida favorito y ponlo a prueba para ver si logras liberar tu comida de empaques y utensilios de plástico. ¡Tú puedes!
10 PUNTOS

¿EN UN FUTURO CERCANO? Existe un movimiento cada vez mayor en contra del uso de popotes plásticos, así que a lo mejor muy pronto tendrás verdaderas "comidas felices".

DUERME CON LA CONCIENCIA TRANQUILA

Ir de visita a casa de otras personas por fiestas o piyamadas no quiere decir que no puedas apartarte del plástico. Recuerda llevar tu botella de agua reutilizable y un recipiente para tu trocito de pastel. ¡Dulces sueños!

SUPERHÉROE COTIDIANO

Nombre: la Superballena

Empleo: ballena jorobada

Superpoder: canta canciones que pueden oírse a cientos de kilómetros a la redonda.

Cómo combate el plástico: ha luchado dos veces contra redes de pesca de plástico (¡y ha ganado!) con la ayuda de British Divers Marine Life Rescue.

Su consejo: no nades cerca de redes.

Odia: quedar atrapada en una red.

Ama: nadar en un océano limpio.

LA SUPERBALLENA

MISIÓN 14
COMBATE EL PLÁSTICO CON TU MESADA

Si eres como el superhéroe promedio, recibes aproximadamente unos 450 dólares anuales. O sea, como $8.74 a la semana. Y por lo general ahorras un 43 % de lo que te dan.

Eso significa que gastas una parte y eso es importante: cómo gastas tu dinero es vital en la lucha contra el plástico. Tú puedes invertir en un mundo mejor haciendo elecciones inteligentes al comprar.

GASTO SUPERHEROICO

Si juegas bien tus cartas, ¡incluso puedes recibir dinero por ser un superhéroe! ¿Cómo? Podrías ganar dinero por llevar a cabo algunas tareas, como limpiar la cocina y el baño, ayudar con las compras o incluso hacer jardinería. Como parte de tu entrenamiento de superhéroe, de todas maneras, tendrás que hacer esas cosas, así que ¿por qué no aprovechar para llenar tu alcancía?

DA EL EJEMPLO COMPRANDO BIEN

¿En qué gastas tu dinero normalmente? Con tu mesada, tienes la oportunidad de mostrarles a todos —usando tu propio dinero— cómo quieres que sea el mundo. Puedes enviar mensajes claros a las empresas si decides no comprar juguetes o dulces que vengan empaquetados en plástico o que estén hechos de este material (los juguetes, no los dulces). Tampoco compres cómics ni revistas que estén envueltos en plástico o que vengan con juguetes de plástico. No quieres cosas que, con seguridad, se romperán o desecharás rápidamente.

TU MISIÓN DE 2 MINUTOS: deja de gastar el dinero que te dan en artículos que contienen plástico. Si se trata de dulces, mejor ve a la sección de la tienda donde los venden a granel. Si hablamos de juguetes, compra algo que no contenga plástico y que pienses atesorar.

20 PUNTOS

CÓMO COMPRAR GOLOSINAS LIBRES DE PLÁSTICO

No tienes que comprar golosinas con envoltura de plástico. Ve a la sección de dulces a granel, donde las venden sin empaques. ¡Hasta puedes llevar tus propias bolsas o envases!

COMPRAR JUGUETES PARA TODA LA VIDA

Muchos juguetes están hechos de plástico. El secreto aquí es comprar aquellos que vayas a usar por mucho tiempo y que después se puedan vender o regalar. Eso significa comprar con cuidado, ahorrar para adquirir algo un poco más caro, hallar cosas que no se van a romper fácilmente y con las que sabes que vas a jugar un montón.

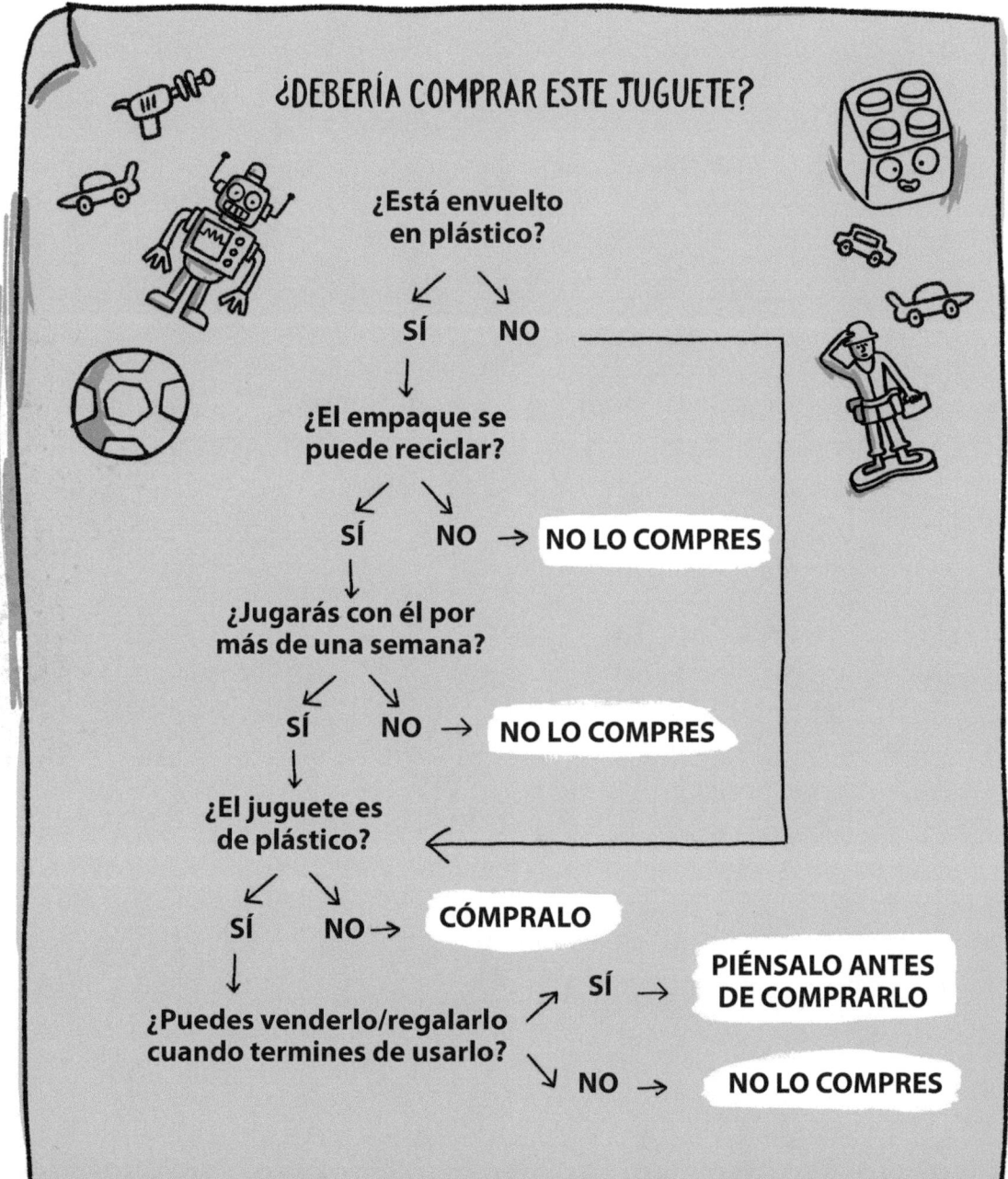

OBTÉN DINERO POR TUS COSAS VIEJAS

Puedes incrementar tus ahorros vendiendo juguetes, ropa, juegos y libros que ya no necesites o quieras. Eso también significa que puedes asegurarte de que tus pertenencias van a un buen hogar y de que serán reutilizadas. Botar las cosas solo porque ya terminaste de usarlas es una locura, especialmente, cuando alguien más podría disfrutarlas.

Con la ayuda de un adulto, visita sitios como eBay o Craigslist, que son buenos para vender juguetes usados, libros y juegos. También puedes organizar una venta de garaje. Pídele ayuda a tu familia.

QUÉ HACER CON TUS COSAS USADAS

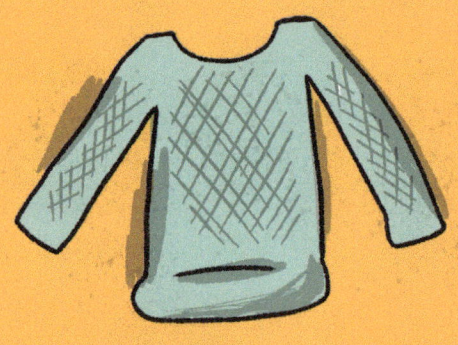

ROPA
- Venderla
- Donarla a ciertas tiendas que la reutilizan y reciclan, y así puedes obtener descuentos a cambio.
- Donarla a una organización benéfica

LIBROS
- Venderlos
- Regalarlos a familiares y amigos.
- Donarlos a una biblioteca.

JUGUETES
- Venderlos
- Regalarlos a parientes o amigos.
- Donarlos a obras de beneficencia para niños.

TU MISIÓN DE 2 MINUTOS: pide que tu escuela organice una venta de cosas de segunda mano en la que tú y tus amigos puedan vender libros, juguetes y ropa que ya no quieran, ¡y ganar algo de dinero!
40 PUNTOS

COMBATE EL PLÁSTICO ARREGLÁNDOLO

Si uno de tus juguetes se rompe, ¡repáralo! Es bastante sencillo; no lo deseches sin más ni más. Hoy en día existen lugares llamados "hospitales de juguetes" donde puedes llevarlos para que los arreglen y así poder seguir utilizándolos. Esto es genial, porque significa que no necesitas comprar algo nuevo y puedes seguir disfrutando tus cosas por más tiempo.

MISIÓN 15
COMBATE EL PLÁSTICO EN TUS CELEBRACIONES

En las fiestas y los cumpleaños siempre abundan la comida, la familia y la diversión. ¡Me encantan! Pero, tristemente, estas celebraciones se han convertido en un derroche de desperdicios de plástico. Si quieres combatir el plástico, vas a tener que repensar la manera en que vas a celebrar. ¿La buena noticia? No tienes que renunciar a los dulces.

NO MÁS ENVOLTURAS DE PLÁSTICO

Muchos papeles brillantes o metalizados para envolver son de plástico. Se nota en que son crujientes. Si los arrugas y se expanden de nuevo, son de plástico; en cambio, si se quedan arrugados, son de papel. Elige envolturas de papel y después podrás reciclarlas o reutilizarlas.

ROLLOS DE DESECHOS: Se estima que unos 330 millones de pies cuadrados (31 millones de metros cuadrados) de papel de regalo llega a los vertederos de basura cada año.

COMBATE EL PLÁSTICO CON TUS REGALOS

Dar regalos es un gesto simbólico, así que ahorra dinero y elabora tus regalos en casa en lugar de comprar algo hecho de plástico o envuelto en este material. Hornea galletas o pasteles. Haz un regalo con amor: el océano te lo agradecerá.

TU MISIÓN DE 2 MINUTOS: elabora regalos para tu familia y envuélvelos en papel de estraza, periódico o un papel decorado por ti mismo. Átalos con un cordel (¡la cinta adhesiva es de plástico!).

30 PUNTOS

DECORACIONES

Ya sea que quieras decorar el árbol de Navidad o poner corazones por toda la casa en San Valentín, existen infinidad de alternativas libres de plástico para crear guirnaldas, adornos y accesorios brillantes. Prueba hacer adornos como cadenetas de palomitas de maíz, corazones de papel y otras cosas divertidas.

DATO NO DESECHABLE: los estadounidenses generan aproximadamente 1 millón de toneladas (cerca de 900 000 toneladas métricas) adicionales de basura entre el Día de Acción de Gracias y el día de Año Nuevo.

UN ÁRBOL DE NAVIDAD PARA SIEMPRE

Cada año, cortamos millones de árboles o compramos los artificiales hechos de plástico. ¡Qué desperdicio! Si quieres un árbol artificial, compra uno de segunda mano y reutilízalo todos los años. Pero si puedes, compra un árbol de Navidad en maceta, cultivado localmente. Cada año, puedes entrarlo a la casa y decorarlo. Mejor aún: haz tu propio árbol con sobrantes de madera o ramas secas.

ESO ES AMOR

El Día de San Valentín es una buena ocasión para mostrarles a las personas lo que sientes por ellas, pero no hace falta usar plástico. En vez de intercambiar juguetitos de plástico o llenos de purpurina, mejor regala tarjetas de papel tradicionales.

TU MISIÓN DE 2 MINUTOS: puedes hacer guirnaldas o cadenas de papel para decorar tu casa. Hazlas de los colores que representen la fiesta.
10 PUNTOS

NO CELEBRES EL PLÁSTICO

Di no a:

- 🌲 Adornos de plástico
- 🌲 Decoraciones con purpurina
- 🌲 Papel de envolver plastificado o metalizado
- 🌲 Cinta adhesiva
- 🌲 Bolsas de regalo
- 🌲 Tarjetas compradas en la tienda (especialmente las que tienen purpurina)
- 🌲 Empaques de plástico
- 🌲 Popotes de plástico
- 🌲 Vasos, platos y cubiertos de plástico de un solo uso

DISFRUTA DE CELEBRACIONES LIBRES DE PLÁSTICO

Siente la alegría festiva con:

- 🌲 Cadenas de papel hechas con revistas viejas o periódicos
- 🌲 Adornos hechos en casa
- 🌲 Tarjetas de felicitación hechas en casa
- 🌲 Regalos atados con cordel
- 🌲 Papel para envolver hecho de periódico o papel de estraza
- 🌲 Dulces horneados en casa

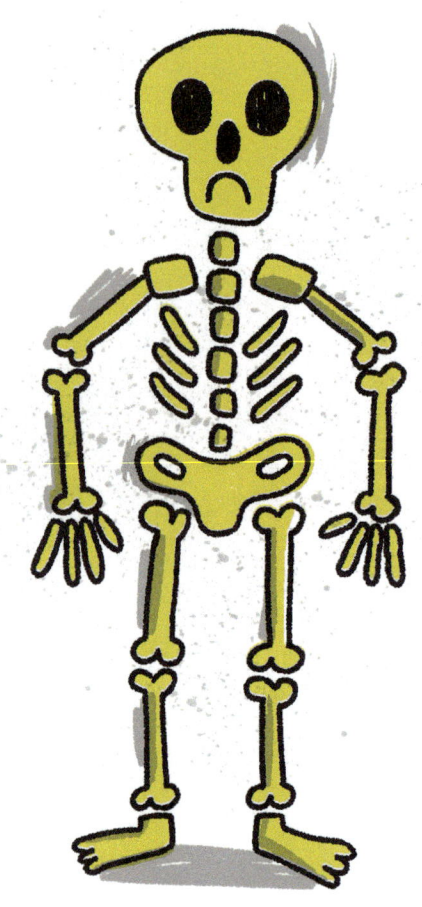

¿LO MÁS ESPANTOSO DE HALLOWEEN?

No son los fantasmas, ¡es el plástico! Las compañías que recogen la basura odian esta fecha porque se generan demasiados desperdicios: disfraces desechados, calaveras de plástico y montones de decoraciones espeluznantes. Entonces, ¿qué te parece si este año haces un disfraz a partir de prendas viejas? ¡Apuesto a que en el clóset de tus padres hay algunos horrores que podrías usar! Para los que llegan a pedir dulces, llena un tazón con chocolates y caramelos envueltos en papel o estaño en lugar de envolturas de plástico. ¡FÁCIL!

LA ESCALOFRIANTE REALIDAD: se calcula que, en Estados Unidos, se compran alrededor de 35 millones de disfraces cada año. Eso representa mucho material que irá a parar a la basura.

TU MISIÓN DE 2 MINUTOS: elabora un disfraz de Halloween a partir de artículos que usas todos los días o consigue prestado algo ridículo. Un peinado horroroso o un buen trabajo de maquillaje pueden transformar un disfraz en algo realmente aterrador. Comprométete con la misión de celebrar un Halloween libre de plástico.
20 PUNTOS

UNA PRIMAVERA LIBRE DE PLÁSTICO

La primavera es la temporada para celebrar la vida nueva y la belleza de nuestro planeta. Pero celebrar con cestos de huevos de Pascua representa una gran cantidad de desechos de plástico.

¡Sáquenme de aquí!

¡FUERA PLÁSTICO!

Muchos de los dulces de las celebraciones tienen empaques excesivos, con moldes de plástico que los sostienen en su lugar. ¡Pero unos cuantos no! Compra los que estén empaquetados en cartón y envueltos en papel de estaño. Ambos son 100 % reciclables.

DESPERDICIO A TODO COLOR: cada año, en Estados Unidos, se venden cerca de 250 millones de huevos de Pascua.

TU MISIÓN DE 2 MINUTOS: verifica que los chocolates y otros dulces que comas en las celebraciones no estén empaquetados en plástico. ¡Escoge con sabiduría!
10 PUNTOS

MISIÓN 16

¡LA FIESTA CONTRA EL PLÁSTICO!

Es hora de celebrar. Ya estás casi al final de tu odisea contra el plástico y te espera tu evaluación de superhéroe, así que ¡es hora de FESTEJAR! Me gustan las fiestas libres de plástico, aquellas en las que no hay desperdicio alguno. Aparte de cosas para reciclar, al final no queda nada, excepto recuerdos brillantes, ojos soñolientos y pies exhaustos de tanto bailar. ¿Estás listo? ¡Es la fiesta contra el plástico para todos los #2minutesuperhero!

TU MISIÓN DE 2 MINUTOS: la próxima vez que tengas una fiesta de cumpleaños o celebración, ¡conviértela en una FIESTA CONTRA EL PLÁSTICO! Planéala con cuidado: elabora tus propios adornos ¡y prepara comida festiva! Usa las listas de esta misión para guiarte.
150 PUNTOS

LOS MALVADOS VILLANOS DE LA FIESTA

- **Globos:** tristemente, vas a tener que dejar de decorar con globos. Los globos, incluso los que dicen ser biodegradables, son una amenaza para la vida silvestre.

- **Purpurina:** la purpurina es divertida…, pero en el momento en que se va por el drenaje, se convierte en peligrosos microplásticos que van a dar directo al mar.

- **Bolsitas de recuerditos:** tienes que resistir la tentación de las bolsitas. Evita los juguetes de plástico, la película plástica para envolver golosinas y los caramelos envueltos individualmente, como las paletas.

- **Comida de fiesta:** mucha comida de fiesta viene en envases de plástico. Desde sandwichitos y aperitivos hasta toda clase de productos horneados, los supermercados parecen arreglárselas para darte más plástico que fiesta. ¡Combátelos!

- **Platos y cubiertos de plástico:** ¡no, no, no, no, no! Los platos, cuchillos, tenedores y cucharas podrán ser reciclables, pero es mucho mejor no utilizarlos.

- **Popotes:** la gente divertida siempre dice no a los popotes de plástico.

DATO AGUAFIESTAS: para las tortugas, los globos y las bolsas de plástico se ven igualitos que las medusas, su alimento favorito.

SUPERHÉROE COTIDIANO

Nombre: Bob

Empleo: tortuga verde

Superpoder: nada más de 1500 millas (2400 kilómetros) para reproducirse y anidar.

Cómo combate el plástico: fue rescatada y le dieron algo para defecar; así salieron todos los globos y bolsas de plástico que se había comido.

Su consejo: ¡olvídate de los globos! Incluso los biodegradables pueden ser dañinos.

Odia: que los globos parezcan comida.

Ama: los deliciosos pastos marinos.

BOB

LOS CHICOS BUENOS

- **Adornos hechos en casa:** hacer cadenas y lámparas de papel es sencillo y divertido. ¿Y lo mejor de todo? ¡Que los puedes reutilizar y reciclar!

- **Banderines:** los banderines hechos con cordel y papeles de colores o recortes de revistas se ven geniales. También puedes coser algunos con telas descartadas y listón.

- **Decoraciones de papel para la mesa:** los rollos de papel que puedes comprar en las papelerías grandes o en tiendas de manualidades son fantásticos para hacer manteles o envolver regalos. Coloca crayones en las mesas e invita a tus amigos a dibujar.

- **Bolsas de papel para recuerditos:** usa bolsas de papel de estraza y recorditos que no sean de plástico, como libretitas, antifaces y lápices.

- **Comida de fiesta de verdad:** es fácil evitar la comida de fiesta envuelta en plástico, pero quizás tengas que dedicarle algo de trabajo. ¡Haz tus propios sándwiches, panquecitos, galletas y pasteles!

- **Platos y cubiertos:** no necesitas platos de plástico si puedes usar platos de verdad y lavarlos después. Si necesitas más, pídeselos prestados a tus amigos.

- **Popotes:** no tienes que renunciar a ellos; puedes comprar popotes de papel en el supermercado.

SUPERHÉROE COTIDIANO

Nombre: Dolly

Empleo: activista en línea

Superpoder: la tecnología

Cómo combate el plástico: organiza campañas en línea para disuadir a la gente de soltar globos y comprar plástico.

Su consejo: compra menos, usa menos y reutiliza más cosas.

Odia: los globos.

Ama: los picnics en la playa.

DOLLY

MISIÓN EXTRA

COMBATE EL PLÁSTICO CON TU VOZ

Bien hecho: ¡terminaste el entrenamiento de #2minutesuperhero! Pero hay una misión final antes de concluir. Es muy simple y puede marcar la diferencia de manera significativa porque le permitirá a la gente que tiene el poder saber lo que piensas acerca del plástico.

TU MISIÓN DE 2 MINUTOS: escríbele una carta o mándale un correo electrónico a alguien que sea responsable de tomar decisiones que afectan tu lucha contra el plástico. Puede ser un miembro del Congreso, un diputado local, un maestro o el director de tu escuela. Cuéntale lo que te preocupa acerca del plástico, lo que necesitas que haga y por qué. Usa el modelo de la página siguiente para comenzar. ¡Adelante! Tu voz cuenta.
100 PUNTOS

Localiza a tu representante local aquí:
www.commoncause.org/find-your-representative

Estimado(a) [nombre]:

Mi nombre es [pon aquí tu nombre] y tengo [tu edad] años. Asisto a la escuela [nombre de tu escuela] y le escribo con relación a la lucha contra el plástico.

Me preocupa mucho la salud de nuestros océanos y también estoy preocupado por mi futuro debido al exceso de producción, uso y mal manejo del plástico. Creo que tenemos que hacer todo lo que podamos para evitar que siga llegando a los océanos, y seremos capaces de lograrlo si reciclamos más, dejamos de usar plástico desde el principio y lo utilizamos menos en nuestra vida cotidiana.

Me he comprometido a combatir el plástico y ahora me gustaría que usted hiciera su parte para ayudar. Quisiera que multara a las compañías que contaminan los océanos. Deseo que promueva leyes para impedir que las empresas le den plástico innecesario al público y que las impulse a usar plástico reciclado en todos sus productos.

También necesitamos que se prohíba de inmediato todo el plástico de un solo uso y se implante un sistema sencillo de reciclado, el mismo para todos, independientemente de dónde vivan. Lo necesitamos ya.

¿Puede usted hacer esto por mí y mi futuro? Eso espero. Por favor, responda con su compromiso para combatir el plástico.

Atentamente,
[pon tu nombre aquí]

MISIÓN CUMPLIDA

Cierra los ojos…
Imagina que estás en una playa inmaculada contemplando el vasto océano, libre de plástico, vibrante de vida, oleaje y maravillas. Las ballenas lanzan chorros de agua, los delfines hacen cabriolas. Peces voladores se deslizan sobre la superficie del agua iluminada por el sol. Bajo las olas, bailan peces y focas. Por encima de tu cabeza, las aves marinas chillan y discuten.

Puedes oler el aire fresco y las algas marinas, sentir el viento tibio en tu piel, saborear la sal en tus labios y escuchar el romper de las olas.

El océano es bello y tú eres parte de él sin importar dónde vivas. Una tortuga se asoma justo frente a ti y te sorprende un poco.
Sonríe y dice: "¡Gracias!".

Tú lograste eso.
¿Qué tal se siente?
ERES UN #2MINUTESUPERHERO.
MISIÓN CUMPLIDA.

TU CLASIFICACIÓN COMO SUPERHÉROE...

PUNTAJE PARA SUPERHÉROES

Ahora que finalizaste tu entrenamiento, es momento de averiguar qué clase de superhéroe eres. Suma los puntos que hayas obtenido al cumplir tus misiones.

MISIÓN 1: APRENDE A RECONOCER EL PLÁSTICO MALO

Encuentra 5 cosas de plástico bueno que usas todos los días.
10 PUNTOS

Encuentra 5 cosas de plástico malo que se usarán solo una vez antes de desecharlas.
20 PUNTOS

TOTAL DE PUNTOS POSIBLES DE LA MISIÓN: 30

MISIÓN 2: COMBATE EL PLÁSTICO EN TU CUBO DE BASURA

Consigue un cubo para desperdicios de comida ¡y comienza a reunir materia para tu compost! Averigua cómo hacerlo en la misión 8.
30 PUNTOS

Elabora una bitácora del cubo de basura y anota cada vez que alguien saque una bolsa de desechos. Monitorea cuántas bolsas genera tu familia a la semana y mira a ver si puedes reducir esa cantidad a la mitad.
50 PUNTOS

Visita las instalaciones de un centro de recuperación de materiales [MRF por sus siglas en inglés] que te quede cerca.
50 PUNTOS

Encuentra tres popotes, uno de plástico, otro de plástico biodegradable y un tercero de papel. Consigue una maceta y llénala de lodo. Luego, entierra los popotes hasta la mitad en el lodo. Déjalos ahí un par de semanas ¡y observa qué sucede!
20 PUNTOS

TOTAL DE PUNTOS POSIBLES DE LA MISIÓN: 150

MISIÓN 3: COMBATE EL PLÁSTICO EN EL PARQUE

Haz un **#2minutelitterpick**. Cuando camines de la escuela a tu casa, o por el parque, dedica 2 minutos a llenar una mochila vieja con basura. Separa lo que puedas reciclar y deposita el resto en el cubo de basura. ¿Cuánto recogiste en 2 minutos?
20 PUNTOS

TOTAL DE PUNTOS POSIBLES DE LA MISIÓN: 20

MISIÓN 4: COMBATE EL PLÁSTICO EN TU MOCHILA

¡Declara una amnistía de bolígrafos! Pídeles a todos tus amigos que vacíen sus mochilas y recolecta los bolígrafos viejos. Luego, pídele a un maestro o a tus padres que te ayuden a recaudar dinero para una caja de cero residuos [Zero Waste Box™ en inglés] de **www.terracycle.com** y enviarles los bolígrafos para que los reciclen.
80 PUNTOS

¿Tu escuela tiene un bebedero donde puedas llenar tu botella de agua? ¡Rellénala! Si no es así, ¿qué tal si gestionas la instalación de un dispensador de agua en la escuela? Puedes pedirles a tus padres y a los padres de tus amigos que firmen también.
30 PUNTOS

Tristemente, si vienen envueltas en plástico, tal vez sea hora de renunciar a las golosinas de siempre. Pero también es el momento de ir a comprar dulces. ¡Cómprate algunos de los que vienen en cajitas de metal o de cartón!
10 PUNTOS

Recolecta todas tus envolturas de papitas. Recolecta las de todos tus amigos. Con ayuda de un maestro o de tus padres, establece un punto de reciclaje de bolsas de papitas, recauda dinero para una caja de cero residuos [Zero Waste Box ™ en inglés] y envía las envolturas para que las reciclen. Encuentra más información en **www.terracycle.com**.
80 PUNTOS

TOTAL DE PUNTOS POSIBLES DE LA MISIÓN: 200

MISIÓN 5: COMBATE EL PLÁSTICO A LA HORA DEL ALMUERZO

En el siguiente almuerzo, pídeles a tres amigos que te muestren su comida. Enséñales la tuya. ¿Sus almuerzos contienen plástico? Promete eliminar AL MENOS una de las piezas de plástico de tu almuerzo.
10 PUNTOS

¡Muestra y cuenta! Pregúntale a tu maestro si puedes hablarles a tus compañeros, en el aula o en la reunión matutina, acerca de tu misión **#2minutesuperhero**. Explica por qué estás tratando de reducir la cantidad de plástico y como lo estás haciendo. Pídeles a tus compañeros que firmen una petición para ayudarte.
50 PUNTOS

¿Tu escuela cuenta con un espacio para reciclar los plásticos de un solo uso, como envases de yogur, popotes y botellas de bebidas? Si no es así,

¡establece uno! Consigue permiso de tu maestro y del director de la escuela. Elabora carteles para que todo el mundo sepa dónde poner cada cosa.
40 PUNTOS

TOTAL DE PUNTOS POSIBLES DE LA MISIÓN: 100

MISIÓN 6: COMBATE EL PLÁSTICO EN EL SUPERMERCADO

Ofrece ayudar con las compras y entonces podrás opinar acerca de la comida que adquieren como familia.
20 PUNTOS

Organiza una ida de compras libre de plásticos ¡y regresa a casa con CERO basura!
40 PUNTOS

TOTAL DE PUNTOS POSIBLES DE LA MISIÓN: 60

MISIÓN 7: COMBATE EL PLÁSTICO EN TU COCINA

¡Conviértete en la policía de las bolsas! Anuncia que habrá una política de cero tolerancia con las bolsas de plástico. Asegúrate de que los miembros de tu familia no tengan NINGUNA EXCUSA para usar bolsas de plástico. Coloca bolsas de tela en el auto, debajo del fregadero y siempre a la mano; a partir de ahí, cóbrales 10 centavos a los integrantes de la familia por cada bolsa de plástico que usen.
20 PUNTOS

Cambia las esponjas de plástico por unas de fibra de coco o de metal; usa paños de algodón en vez de los sintéticos y rellena tu botella de detergente líquido para fregar en una tienda a granel.
30 PUNTOS

Elige tu cereal favorito. Localiza la caja más grande y la más pequeña que encuentres. Calcula cuántos pozuelos de cereal contiene cada una y cuántas cajas de cada tamaño necesitas para llenar 100 pozuelos.
10 PUNTOS

Con ayuda de un adulto, haz envolturas con cera de abeja. Busca un trozo de tela de algodón con un diseño atractivo y "píntala" con la cera (esta la puedes comprar en línea). Si eres vegano, usa cera de origen vegetal. Añade resina de pino para que las envolturas sean más adherentes.
40 PUNTOS

TOTAL DE PUNTOS POSIBLES DE LA MISIÓN: 100

MISIÓN 8: COMBATE EL PLÁSTICO EN TU JARDÍN

Usa el compost que hiciste para la misión 2. Pon un poco en macetas y siembra semillas de girasol. ¡Mira tus plantas crecer muy alto!
20 PUNTOS

Corta una botella de plástico transparente a la mitad y llena el fondo con compost. Coloca tres chícharos cerca de los bordes de la botella. Riégala y déjala en el alféizar de una ventana. Podrás ver cómo germinan las semillas y crecen los brotes. Cuando hayan crecido lo suficiente, siémbralos en una maceta grande. Corta y agrega los retoños a tu ensalada o espera para comerte los chícharos.
20 PUNTOS

Habla con tu maestro acerca de comenzar un club de jardinería o cultivar lechugas o vegetales en tu salón de clases. Usen potes, bandejas y contenedores que les sobren. Cuando las plantas hayan crecido lo suficiente como para comérselas, llévenselas a casa.
20 PUNTOS

TOTAL DE PUNTOS POSIBLES DE LA MISIÓN: 60

MISIÓN 9: COMBATE EL PLÁSTICO EN TU BAÑO

Intenta usar un cepillo de dientes hecho de bambú, uno de los materiales de más rápido crecimiento y más sostenibles del mundo. Cuando ya no sirva, puedes echarlo en tu compost.
20 PUNTOS

Prueba usar una pasta dental que venga en un frasco de vidrio o en forma de tableta. Podría no ser como aquella a la que estás acostumbrado, pero funcionará y es una manera fabulosa de combatir el plástico dos veces al día.
20 PUNTOS

¡Cambia de jabón! Deshazte del dispensador de jabón líquido y sustitúyelo por una barra de jabón sólido que venga envuelta en papel.
10 PUNTOS

Prueba el champú sólido y utiliza jabón en barra en lugar del gel de baño.
10 PUNTOS

Trata de encontrar en tu supermercado local un paquete de papel de baño que venga envuelto en papel.
10 PUNTOS

Busca hisopos con palito de papel o bambú. Mejor compra de esos o considera no usarlos.
10 PUNTOS

TOTAL DE PUNTOS POSIBLES DE LA MISIÓN: 80

MISIÓN 10: COMBATE EL PLÁSTICO EN EL INODORO

Pídele a tu maestro que organice una visita a la planta local de tratamiento de aguas residuales. Tal vez no suene divertido, pero será MUY interesante.
100 PUNTOS

Cuenta los inodoros que usas con regularidad. Elabora un letrero para cada uno que diga: "Solo orina, papel, vómito y excrementos en este inodoro. ¡Gracias!".
20 PUNTOS

Si tu familia echa en la taza cualquier cosa que no sea lo que ya dijimos, pregunta si puedes poner un cesto con tapa cerca del inodoro para arrojar ahí todo lo demás. Esas cosas pueden depositarse después en la basura o el reciclaje.
20 PUNTOS

Si los miembros de tu familia usan toallitas húmedas, haz un letrero para recordarles que no deben desecharlas por el inodoro y colócalo en el baño. Mejor aún, haz el cambio a la toalla de tela.
10 PUNTOS

TOTAL DE PUNTOS POSIBLES DE LA MISIÓN: 150

MISIÓN II: COMBATE EL PLÁSTICO EN TU CLÓSET

Aprende a remendar tu ropa.
10 PUNTOS

Separa las prendas hechas de fibras sintéticas de aquellas elaboradas con fibras naturales. Lávalas con menos frecuencia.
10 PUNTOS

Atrapa las microfibras en la lavadora con una bolsa o una bola especialmente diseñadas para ello. Echa las fibras a la basura.
10 PUNTOS

Organiza un trueque de ropa en tu escuela o club. Lleva las prendas que ya no te agradan e intercámbialas por las que ya no les gustan a tus amigos.
10 PUNTOS

Hazte tu propio traje de **#2minutesuperhero** con prendas viejas.
20 PUNTOS

TOTAL DE PUNTOS POSIBLES DE LA MISIÓN: 60

MISIÓN 12: COMBATE EL PLÁSTICO EN LA CANCHA, LA PISTA Y EL CAMPO DEPORTIVO

Declara libres de plástico tus eventos deportivos. Si llevas merienda, elige galletas o barritas de granola hechas en casa, y SIEMPRE recuerda llevar tu botella reutilizable llena de agua.
20 PUNTOS

Organiza a tu equipo para recoger la basura después de cada partido. Lleva una bolsa y recoge cualquier desecho. Recicla lo que puedas. Causarás una buena impresión y, sin importar lo que pase en el partido, eso ya será un TRIUNFO.
30 PUNTOS

A la hora del almuerzo, toma una bolsa y ponte a hacer *plogging* por todo el patio de juegos.
30 PUNTOS

TOTAL DE PUNTOS POSIBLES DE LA MISIÓN: 80

MISIÓN 13: COMBATE EL PLÁSTICO EL FIN DE SEMANA

Haz un reto **#2minutebeachclean** y ve qué puedes hallar. Busca bolsas de plástico, botellas, tapas de botellas, hisopos, toallitas húmedas y pedazos de redes de pesca. Esos son los objetos que encontramos con mayor frecuencia. Pero también busca legos, soldaditos de juguete, hilos de pesca y chanclas viejas.
10 PUNTOS

¡Haz de esta noche de película un evento libre de plásticos!
10 PUNTOS

Ve a tu restaurante de comida rápida favorito y ponlo a prueba para ver si logras liberar tu comida de empaques y utensilios de plástico. ¡Tú puedes!
10 PUNTOS

TOTAL DE PUNTOS POSIBLES DE LA MISIÓN: 30

MISIÓN 14: COMBATE EL PLÁSTICO CON TU MESADA

Deja de gastar el dinero que te dan en artículos que contienen plástico. Si se trata de dulces, mejor ve a la sección donde los venden a granel. Si hablamos de juguetes, compra algo que no contenga plástico y que pienses atesorar.
20 PUNTOS

Pide que tu escuela organice una venta de segunda mano, donde tú y tus amigos puedan vender libros, juguetes y ropa que ya no quieran, ¡y ganar algo de dinero!
40 PUNTOS

TOTAL DE PUNTOS POSIBLES DE LA MISIÓN: 60

MISIÓN 15: COMBATE EL PLÁSTICO EN TUS CELEBRACIONES

Elabora regalos para tu familia y envuélvelos en papel de estraza, periódico o un papel decorado por ti mismo. Átalos con un cordel (¡la cinta adhesiva es de plástico!).
30 PUNTOS

Puedes hacer guirnaldas o cadenas de papel para decorar tu casa. Hazlas de los colores que representen la fiesta.
10 PUNTOS

Elabora un disfraz de Halloween a partir de artículos que usas todos los días o consigue prestado algo ridículo. Un peinado horroroso o un buen trabajo de maquillaje pueden transformar un disfraz en algo realmente aterrador. Comprométete con la misión de celebrar un Halloween libre de plástico.
20 PUNTOS

Verifica que los chocolates y otros dulces que comas en las celebraciones no estén empaquetados en plástico. ¡Escoge con sabiduría!
10 PUNTOS

TOTAL DE PUNTOS POSIBLES DE LA MISIÓN: 70

MISIÓN 16: ¡LA FIESTA CONTRA EL PLÁSTICO!

La próxima vez que tengas una fiesta de cumpleaños o celebración, ¡conviértela en una FIESTA CONTRA EL PLÁSTICO! Planéala con cuidado: elabora tus propios adornos ¡y prepara comida festiva! Usa las listas de esta misión para guiarte.
150 PUNTOS

TOTAL DE PUNTOS POSIBLES DE LA MISIÓN: 150

MISIÓN EXTRA: COMBATE EL PLÁSTICO CON TU VOZ

Escríbele una carta o mándale un correo electrónico a alguien que sea responsable de tomar decisiones que afectan tu lucha contra el plástico. Puede ser un miembro del Congreso, un diputado local, un maestro o el director de tu escuela. Cuéntale lo que te preocupa acerca del plástico, lo que necesitas que haga y por qué. Usa el modelo de la página siguiente para comenzar. ¡Adelante! Tu voz cuenta.
100 PUNTOS

TOTAL DE PUNTOS POSIBLES DE LA MISIÓN: 100

¿QUÉ TIPO DE SUPERHÉROE ERES?

Ahora que cumpliste las misiones de 2 minutos, suma tus puntos. ¿Qué clase de #2minutesuperhero eres?

0-499 PUNTOS

Eres mi tipo de superhéroe. Vas avanzando, te estás esforzando, le pones ganas y eso es lo que importa. Ya cumpliste suficientes misiones como para comenzar a marcar una verdadera diferencia. Te importa. Tratas de influir en los demás. Estás usando tu voz para hacer cambios en tu mundo.

Ahora es tiempo de sacar el máximo provecho de tu progreso y hacer todavía más por salvar el océano, así que es hora de que te pongas tu capa y tu antifaz, salgas al mundo y hagas todavía más por el planeta Tierra. ¡Todo lo que haces es importante!

MISIÓN CUMPLIDA: eres un superhéroe de 3 ★ estrellas

500-999 PUNTOS

Ya dominas todo el asunto de ser superhéroe. Cumpliste la mayoría de las misiones y eso te convierte en un requetesuperhéroe. Has mostrado un compromiso real con el océano y amor a todos los seres de la naturaleza: delfines, ballenas y peces te lo agradecen.

¿Qué sigue? Cumplir las misiones que restan y dar a los océanos un último empujón hacia el futuro. Puedes hacerlo. ¡Llegaste hasta este punto siendo un guerrero comprometido contra el plástico! Puedes esforzarte hasta el final. ¡VAMOS!

MISIÓN CUMPLIDA: eres un superhéroe de 4 ★ estrellas

1,000-1,500 PUNTOS

¡Oh, cielos! Eres el héroe de los superhéroes. ¿Cómo vas a dormir por la noche con todos los elogios que estoy a punto de hacerte? Asumiste de verdad el espíritu de la lucha contra el plástico y has encarnado a tu superhéroe cotidiano interior. Sin duda, tú solo has salvado varios delfines, focas, ballenas y aves marinas del plástico. Tu trabajo es muy importante y todos tus actos, combinados con los de los demás superhéroes que andan por ahí, marcan una gran diferencia.

¡El mejor puntaje! Gracias y ¡bien hecho!

MISIÓN CUMPLIDA: ganaste el premio superhéroe de 5 ★ estrellas

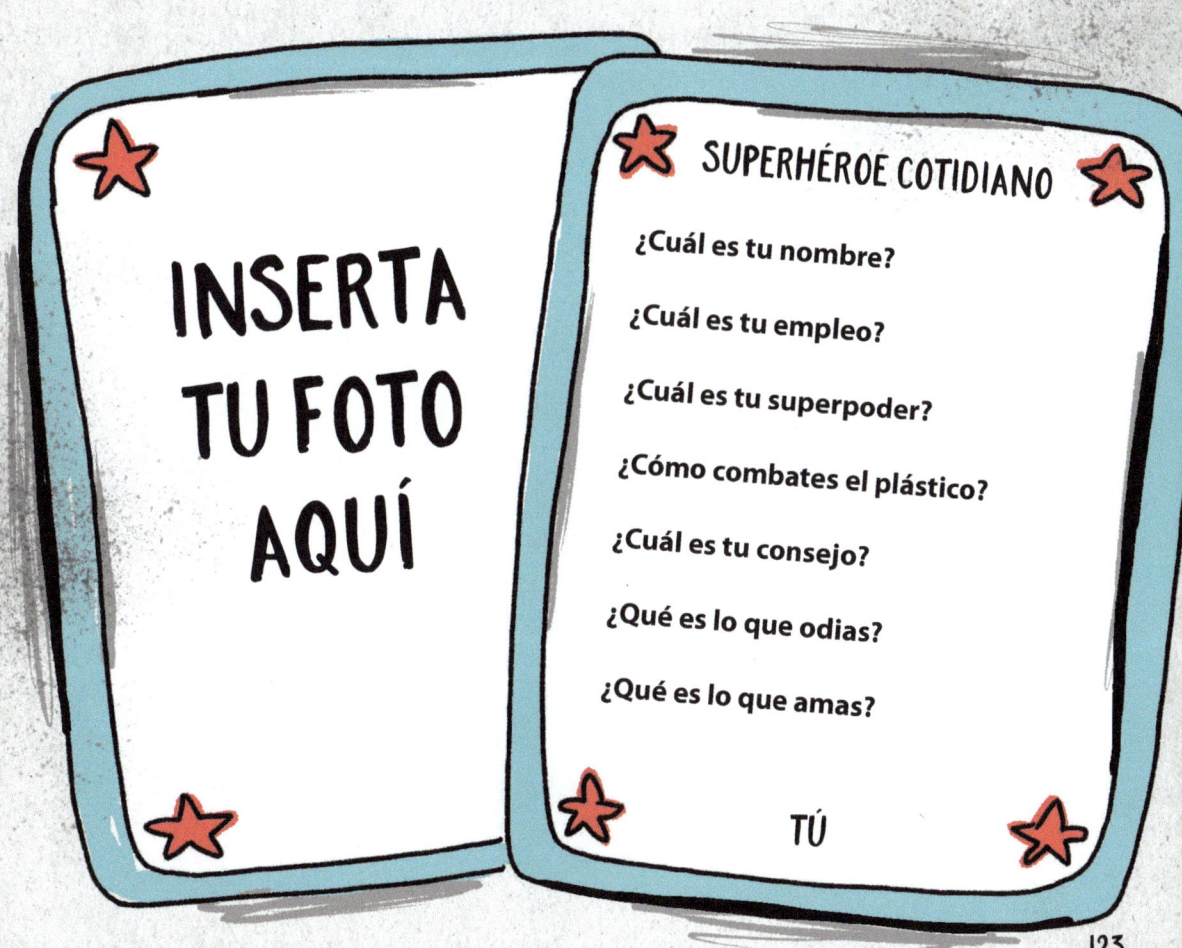

DESCUBRE MÁS SOBRE LA LUCHA CONTRA EL PLÁSTICO

¿Quieres saber más? ¡Excelente! Échale un vistazo a esto:

Greenpeace: una organización global que defiende la naturaleza y hace campaña para detener el flujo del plástico hacia el océano.
www.greenpeace.org/usa/campaigns/oceans/

National Geographic Kids: una revista para niños que incluye consejos para reducir el uso del plástico.
www.kids.nationalgeographic.com/explore/nature/kids-vs-plastic

Ocean Observancy: una fundación dedicada a la protección del océano.
www.oceanconservancy.org/trash-free-seas

Plastic Oceans: una organización sin fines de lucro dedicada a erradicar la contaminación con plástico.
www.plasticoceans.org

World Ocean Day: planea un evento e involúcrate en esta celebración global cada 8 de junio.
www.worldoceanday.org

Sea Shepherd Conservation Society: una organización con fines caritativos que lucha por la protección de la vida y los ecosistemas marinos.
www.seashepherd.org

Surfrider Foundation: una organización dedicada a la protección de los océanos y playas del mundo.
www.surfrider.org

MÁS ACERCA DEL AUTOR

Hola. Este soy yo, Martin Dorey. Soy surfista, escritor, amante de la playa y activista contra el plástico. Vivo cerca del mar, en Cornwall, Inglaterra, con mi compañera, Lizzy, quien también es conocida como la doctora Seaweed. Ella es jardinera y botánica. Mis hijas, Maggie y Charlotte, viven calle abajo con Bob, un perrito de talla mediana y procedencia desconocida. A veces vienen conmigo a limpiar la playa.

Tengo demasiadas tablas de surf, una camioneta cámper grande y una bici que disfruto pedalear por las colinas lodosas en compañía de la doctora Seaweed. Me gusta escribir, acampar, limpiar playas, comer galletas y despertar en días soleados junto al mar con la gente que más amo.

MÁS ACERCA DE #2MINUTEBEACHCLEAN

La campaña **#2minutebeachclean** comenzó hace muchos años. Luego de descubrir un área en la playa de mi localidad que estaba cubierta por una capa de botellas de plástico que llegaba a la altura de la rodilla, prometí, en ese mismo momento, que haría algo, lo que fuera, para cambiar las cosas.

Creé The Beach Clean Network en 2009 y, en 2013, comencé a usar el *hashtag* **#2minutebeachclean** en las redes sociales. La idea es muy simple: cada vez que vas a la playa dedicas 2 minutos a recoger basura, sacas una foto y la publicas en redes sociales para inspirar a otros a hacer lo mismo. En 2014, The Beach Clean Network estableció 8 estaciones de limpieza de playas alrededor de Cornualles, lo cual le facilitó muchísimo a la gente la labor de recoger basura. En 2019, ya había más de 500 estaciones para recoger basura, y una de las que más se utilizan está en una escuela.

El *hashtag* **#2minutebeachclean** ha evolucionado para incluir **#2minutelitterpick** y **#2minutestreetclean**, así como **#2minutesolution**. En las redes sociales, hemos visto que nuestros miles de seguidores están combatiendo el plástico a diario mediante la limpieza de playas, recogiendo basura en las calles de sus vecindarios o haciendo elecciones libres de plástico. Todo lo que pido es que, ahora que has leído este libro, continúes tomándote 2 minutos al día para recoger basura, realizar un cambio o reducir la presencia del plástico en tu vida. Quizás no parezca mucho, pero cuando lo sumas a los esfuerzos de todos los demás, comienza a marcar una gran diferencia.

En 2019, The Beach Clean Network se volvió una organización benéfica: The 2 Minute Foundation.

Averigua más en **www.beachclean.net**

Mi agradecimiento para:
Lizzy;
Daisy, Maria y todos en Walker Books;
Nicky, Dolly, Andrea, Adam, Alan, Tab, Jackie,
el equipo **#2minutebeachclean**
y la familia **#2minutebeachclean**
Chris Hines
Mis superhéroes: Neil Hembrow (KBT), Deb Rosser (ReFill SouthWest), Rowena Bird (Lush), Rob Thompson (Ocean Recovery Project), Linda Thomas (Eco Design), Pete Cooper (The Crackington Crew) y el legendario Jim Scown (ex-RNLI).
También: British Divers Marine Life Rescue, The Cornish Seal Sanctuary, Clive Symm, The Crackington Crew, Widemouth Task Force, The Plastic Movement, Surfers Against Sewage, Paddle Against Plastic y todos los maravillosos grupos antiplástico del Reino Unido y más allá que están logrando que las cosas cambien.